KOCH DICH GLÜCKLICH MIT
CORNELIA POLETTO

FRISCH KOCHEN - ENTSPANNT GENIESSEN

INHALT

6 MEINE LEICHTE GENUSSKÜCHE
... weil gutes Essen glücklich macht

8 VOLLER ENERGIE
durch den Tag

14 HÄUFIGE ERNÄHRUNGSIRRTÜMER
... und was wirklich dran ist

20 HAUPTSACHE, GUTE LEBENSMITTEL
Qualität erkennen beim Einkaufen

26 PERFEKT GEWÜRZT UND ABGESCHMECKT
Kochen für die Sinne

CORNELIA POLETTOS LIEBLINGSPRODUKTE

42 BEEREN UND SAUERMILCHPRODUKTE

82 KARTOFFELN UND HÜLSENFRÜCHTE

108 PARMESAN UND GRÜNES GEMÜSE

148 FISCH UND AVOCADO

172 NÜSSE UND ZITRUSFRÜCHTE

Die Rezepte

30 GUTER START IN DEN TAG

Power-Rezepte ganz nach Lust und Laune:
vom fruchtigen Müsli über nussiges Brot bis hin
zu sonntäglichen Ricotta-Pancakes.

64 LEICHT UND SCHNELL FÜR JEDEN TAG

Weil das Essen einfach ins pralle Leben passen muss: Hier
gibt es Gerichte, die schnell gekocht oder gut vorzubereiten
sind. Und viele lassen sich auch noch gut mitnehmen.

136 ZEIT FÜR DEN BESONDEREN GENUSS

Wenn's immer nur hektisch zugeht, dann läuft was falsch.
Höchste Zeit, mal wieder mit lieben Menschen zu schlem-
men. Ein Kapitel voller Rezepte für die genussvollen
Momente im Leben.

Soweit nicht anders angegeben, sind alle Rezepte
für vier Portionen berechnet.

MEINE LEICHTE GENUSSKÜCHE

...weil gutes Essen glücklich macht

NEULICH verabschiedete sich ein Gast in meinem Restaurant mit den Worten von mir: »Nach einem Menü hier fühle ich mich immer großartig – voller Energie und zufrieden, aber nicht voll. Wenn ich nur jeden Tag bei Ihnen essen könnte, wäre das mit der gesunden Ernährung kein Problem mehr.«

Das hat mich nachdenklich gemacht. Als Köchin bekomme ich ständig hautnah mit, wie viele Menschen das Genießen fast verlernt haben, weil sie so sehr damit beschäftigt sind, sich »gesund« zu ernähren. Nur: Was heißt das eigentlich? Wer kann im Dschungel der vielen widersprüchlichen Ernährungstheorien, Modediäten und Foodtrends schon den Überblick behalten? Und warum fällt es uns nur so schwer, gut für uns zu sorgen und dem Körper das zu geben, was er braucht?

Ich glaube ja, dass wir genau das wieder lernen können: indem wir mit Genuss essen, statt uns zu »ernähren«, und indem wir wieder stärker auf den eigenen Körper hören. Dafür muss niemand täglich ins Restaurant gehen. Wer zu Hause frisch kocht und möglichst wenig industriell verarbeitete Produkte verwendet, tut schon einen großen Schritt in die richtige Richtung.

Hier setzt meine ganz persönliche Wohlfühlküche an, die ich Ihnen in diesem Buch vorstelle. Im Mittelpunkt stehen für mich frische und qualitativ hochwertige Zutaten, vor allem Gemüse und Obst. Beides darf gerne die Hauptrolle auf dem Teller spielen. So werden Mahlzeiten automatisch leichter, und für saisonale Abwechslung ist auch gesorgt. Denn das ist ein weiterer wichtiger Grundsatz: Je abwechslungsreicher man isst, desto größer ist die Wahrscheinlichkeit, dass man alle nötigen Nährstoffe zu sich nimmt.

Deshalb finde ich auch, dass man sich kein Lebensmittel, kein Gericht grundsätzlich verbieten sollte. Pasta? Macht ohne schlechtes Gewissen glücklich, wenn sie mit einem leichten Gemüsesugo daherkommt. Gebratenes Fleisch? Gerne – es muss ja nicht täglich sein, und eine große Portion Gemüse dazu bringt alles in Balance. Dessert? Die Krönung jeden Menüs. Und wer abends drei Gänge genießt, hält sich eben vorher oder nachher etwas zurück.

WIE DAS aussehen kann, zeige ich mit den Rezepten in diesem Buch. Den Anfang machen Rezepte für den Start in den Tag. Im zweiten Kapitel finden Sie Ideen für die leichtere Mahlzeit des Tages – gleichgültig, ob die bei Ihnen nun mittags oder abends stattfindet. Viele der Gerichte sind schnell zubereitet oder gut vorzukochen, einige lassen sich auch prima mitnehmen.

Die Rezepte im dritten Kapitel sind für die besonderen Genussmomente gedacht: Am schönsten ist es doch, gemeinsam mit Familie oder Freunden an einem großen Tisch zu sitzen und entspannt zusammen zu essen. Denn Stress ist das Hauptübel unseres hektischen Alltags, und ständiges Zwischendurch-Essen und Schnell-schnell-Schlingen schadet unserer Gesundheit viel mehr als das eine oder andere Dessert oder ein kleines Stückchen Butter.

In diesem Sinne: Ich wünsche Ihnen, dass Sie Ihren ganz persönlichen Weg zu Genuss und Wohlbefinden entdecken, und ich freue mich, wenn meine Rezepte Sie dabei inspirieren.

Ihre *Cornelia Poletto*

VOLLER ENERGIE
durch den Tag

Ich kenne viele Leute, die sich immer wieder vornehmen, sich gesünder zu ernähren.
Sie reden eine Weile über nichts anderes als Low Carb, Low Fat, grüne Smoothies oder Fasten
und wie gut ihnen die neue Lebensweise tue. Dann hört man nichts mehr. Und bei der
nächsten Begegnung ist wieder alles beim Alten. Warum? »Ich hab grad zu viel Stress, um mich
auch noch um meine Ernährung zu kümmern.«

So etwas erlebe ich immer wieder. Und im Grunde ist es ein Teufelskreis: Der Stress hindert uns daran, so gut für uns zu sorgen, dass wir Hochleistungsphasen überhaupt bewältigen können. Wenn sich die Arbeit türmt, wenn sich Überstunden häufen, wenn kleine und große Katastrophen im Privatleben für Anspannung sorgen, dann verlieren viele Menschen sich selbst und die Bedürfnisse ihres Körpers aus dem Blick.

Auch in meinem Alltag geht es oft hektisch zu. Ich liebe meinen Beruf, aber ich musste schon in meiner Ausbildung lernen, dass in Restaurantküchen Knochenarbeit zu leisten ist. Über die Jahre ist zum Kochen noch jede Menge dazugekommen: das Management meines Restaurants, meine Fernsehsendungen, die Kochkurse, etliche Bücher und vieles mehr.

All das macht mir großen Spaß, aber es heißt auch, dass ich beim Jonglieren von Terminen und To-do-Listen nicht ständig über komplizierte Ernährungsregeln nachdenken kann. Mein Essen soll mir genügend Energie für einen Zwölf- bis Sechzehn-Stunden-Tag geben, es soll mir guttun, und natürlich soll es schmecken und Spaß machen. Schließlich bin ich ein Genussmensch.

FESTE REGELN SIND NICHT DIE LÖSUNG

Wenn sich dagegen alles darum dreht, was man wann essen darf oder nicht darf; wenn es ständig um Regeln und Verzicht geht, dann wird aus dem Genuss eine immerwährende Disziplinübung. Kein Wunder, dass bei vielen die große Revolution der persönlichen Ernährung im hektischen Alltag auf der Strecke bleibt!

Ich persönlich glaube nicht an Radikalumstellungen, sondern an eine Mischung aus gesundem Menschenverstand, ein bisschen Ernährungswissen und Aufmerksamkeit für den eigenen Körper. Vor allem aber glaube ich daran, dass viel gewonnen ist, wenn man häufig frisch und mit möglichst wenig verarbeiteten Zutaten kocht und mit Genuss und Zeit isst.

FÜR MICH funktioniert diese Strategie jedenfalls sehr gut. Ich gehöre nämlich keineswegs zu den Menschen, die einfach essen können, was sie wollen, ohne zuzunehmen. Aber ich habe gelernt, darauf zu hören, was meinem Körper guttut. Das ist für mich das A und O. Jeder Körper tickt anders – auch ein Grund, warum meines Erachtens feste Ernährungsregeln nicht funktionieren. Die einen essen gern Milchprodukte oder Weizen oder Hülsenfrüchte und fahren gut damit, die anderen vertragen diese Zutaten überhaupt nicht.

Das Gleiche gilt für viele andere Lebensmittel. Woran das liegt, wird inzwischen zunehmend erforscht. Für einiges – zum Beispiel für die Fähigkeit, auch im Erwachsenenalter noch Laktose zu verdauen – ist die unterschiedliche genetische Ausstattung verantwortlich. Vieles liegt aber offensichtlich auch an der Zusammensetzung der Darmbakterien, die so individuell ist wie der Fingerabdruck. Bei Wissenschaftlern setzt sich immer stärker die Erkenntnis durch, dass man kaum starre Ernährungsregeln aufstellen kann, die für alle Menschen gleichermaßen gelten.

ENTSPANNT IN DEN TAG

Das fängt schon mit dem Frühstück an. Haben Sie auch noch von früher den Spruch im Ohr: »Morgens wie ein König, mittags wie ein Edelmann und abends wie ein Bettelmann«? Inzwischen ist erwiesen, dass es Unsinn

ist, sich morgens zu einer üppigen Mahlzeit zu zwingen, wenn man gar keinen Appetit hat. Auch hier kann man sich ruhig darauf verlassen, dass einem der Körper die richtigen Impulse liefert.

Ich zum Beispiel bin jemand, der am liebsten langsam in den Tag hineingleitet. Weil ich nicht selten spät am Abend noch esse, habe ich morgens oft noch keinen Hunger. Deshalb beginne ich den Tag erst einmal nur mit einer Tasse Tee. Erst wenn ich von dem Spaziergang mit meinen Hunden Franz und Sissi zurückkomme, meldet sich Appetit, und dann esse ich etwas.

Am Wochenende, wenn das gemütliche Frühstück mit dem Mittagessen verschmilzt, darf es gerne etwas üppiger zugehen: mit gutem Brot, Käse, Räucherfisch und Avocados. Anders als meine dreizehnjährige Tochter Paola, die ihren Schokoaufstrich liebt, gehöre ich eher zur herzhaften Fraktion.

Unter der Woche sieht das anders aus. Mein Alltagsfrühstück besteht häufig aus einem Sauermilchprodukt

wie Naturjoghurt, Kefir oder Dickmilch mit Obst und Nüssen oder ein paar Müsliflocken. Dazu kommen ein paar Chiasamen, die mit ihrem hohen Ballaststoffanteil lange satt machen.

Bis zur nächsten Mahlzeit muss ich schließlich einige Stunden überbrücken: Erst am späten Nachmittag gibt es in meinem Restaurant »Cornelia Poletto« das Personalessen. Bis dahin trinke ich viel Tee oder Wasser, dem ich mit Ingwer, Kräutern oder Früchten Geschmack gebe. So fällt es mir leichter, den Tag über genügend zu trinken, und im Gegensatz zu Säften (oder gar Softdrinks!) treiben weder Wasser noch ungesüßter Tee die Zuckerbilanz in die Höhe.

DAS SNACK-PROBLEM

Wenn mich zwischendurch doch einmal Appetit überfällt, esse ich einfach etwas frisches Obst oder Gemüse – möglichst etwas Ballaststoffreiches. Denn je länger der Körper mit dem Verdauen beschäftigt ist, desto länger fühlt man sich satt.

Manchmal greife ich aber auch zu meinem persönlichen Snack-Wundermittel: einem Stückchen Parmesan. Natürlich ist Käse nicht gerade ein Kalorien-Leichtgewicht, aber ich knabbere wirklich nur ein kleines Stückchen und genieße das ganz bewusst. Weil Parmesan eine so perfekte Mischung aus Salzig, Süß und Umami (siehe auch Seite 108) bietet und der Geschmack

zudem noch lange am Gaumen nachhallt, macht mich dieses Käsestückchen lange zufrieden.

BEI MIR FUNKTIONIERT diese Überbrückungsstrategie hervorragend. Gerade beim Thema Zwischenmahlzeiten ist es aber wichtig, herauszufinden, was einem ganz persönlich guttut. Hier lauern nämlich die größten Gefahren, über die Stränge zu schlagen und viel zu viele Kalorien zu sich zu nehmen, ohne es zu merken. Wir sind permanent von Angeboten umgeben, die »Iss mich!« rufen. Je gestresster wir sind und je weniger Zeit wir uns für richtige Mahlzeiten nehmen, desto schwieriger ist es, diesen immerwährenden Versuchungen zu widerstehen.

Wer am Schreibtisch Hunger bekommt, vor lauter Arbeit aber meint, sich keine Pause gönnen zu dürfen, hat schnell nebenher eine ganze Packung Kekse geleert und damit viel mehr gegessen, als eigentlich zum Hungerstillen nötig wäre. Wer in Hektik auf dem Weg von A nach B ein belegtes Brötchen vom Bäcker oder einen Hamburger hinunterschlingt, fühlt sich danach meist immer noch unbefriedigt, gleichzeitig liegt das Essen aber oft unangenehm schwer im Magen – und später hartnäckig auf den Hüften.

Es ist daher wichtig, gesunden Menschenverstand walten zu lassen und ein bisschen darauf zu achten, wie viel man insgesamt zu sich nimmt. Und alle, die wissen, dass sie angesichts der Packung Kekse kaum widerstehen können, lassen vielleicht einfach keine in Reichweite herumliegen. Noch besser ist es, das bewusste Essen zu trainieren, also nicht gedankenlos am Schreibtisch einfach etwas in den Mund zu stecken, sondern lieber aufzustehen, sich einen Snack zu holen und den wirklich zu genießen.

ALLES MIT AUGENMASS

Die nächste richtige Mahlzeit an einem gewöhnlichen Tag ist das Essen mit meinen Mitarbeitern am späten Nachmittag. Natürlich wird hier immer frisch gekocht, auch wenn es schnell gehen muss. Es gibt immer weniger Fleisch, dafür immer häufiger Gemüse- oder Pastagerichte, und ein schöner Salat gehört einfach immer dazu. Die Mengen sind eher knapp bemessen – und zwar mit Absicht. Man sagt, ein Koch, der satt ist, kocht nicht mehr gut. Man muss sich beim Essen ein bisschen bremsen, damit man noch Spaß am Abschmecken hat.

ABENDS GEBE ICH häufig Kochkurse, und auch da probiere ich nur noch hier und da ein bisschen. An anderen Tagen habe ich noch spät Geschäftsessen, und wenn ich frei habe, koche ich gerne am frühen Abend noch entspannt zu Hause. Mein Tagesablauf ist also ziemlich variabel, und er unterscheidet sich natürlich ziemlich stark von dem vieler anderer Leute, die regelmäßige und feste Arbeitszeiten haben.

Allerdings funktionieren starre Einteilungen à la »Frühstück um sieben, Mittagessen um halb eins, Abendessen um halb sieben« inzwischen für die wenigsten Menschen. Flexible und damit unregelmäßige Arbeitszeiten werden schließlich immer mehr zur Norm. Wenn aber die Hauptmahlzeit mal am Mittag und mal am Abend liegt, dann ist es umso wichtiger, im Auge zu behalten, wie viel man insgesamt isst. Weiß ich also, dass ich abends ein größeres Essen habe, reduziere ich entsprechend mittags etwas – und umgekehrt.

Diese Beschränkung mit Augenmaß fällt mir wesentlich leichter, als mir generell etwas zu verbieten. Ich bin einfach ein Genussmensch. Grundsätzlich auf das zweite Glas Wein zu einem köstlichen Essen oder auf den Käse danach verzichten? Nein. Ich achte einfach auf die Gesamtbilanz, und wenn ich keine Zeit habe, um die Alster zu laufen oder zum Reiten zu gehen, dann halte ich mich vor oder nach einem üppigen Menü lieber etwas zurück.

KLEINE SCHRITTE

Es geht mir nicht darum, einem vollkommen übertriebenen Körperideal hinterherzujagen. Aber wenn ich im Alltag nur sitze und dabei ständig nebenher etwas in den Mund stecke oder viel Fettes oder Süßes esse, dann muss ich mich über Gesundheitsbeschwerden nicht wundern. Alles ist eine Frage der Dosierung und des Ausgleichs – im Grunde also des gesunden Menschenverstands. Und je radikaler die Verbote, die man sich selbst auferlegt, desto wahrscheinlicher mogelt man sich irgendwann darum herum. Selbstkasteiung macht auf Dauer eben nicht glücklich.

Viel besser ist es, Schritt für Schritt gesunde Gewohnheiten einzuüben: einfach mal statt des Latte macchiato, der durch die große Milchmenge gut und gern eine ganze Mahlzeit ersetzen kann, einen Espresso macchiato mit nur einem kleinen Milchhäubchen bestellen. Oder den geliebten, aber leider ziemlich zuckerreichen Fruchtsaft mit Wasser verdünnen – erst nur ein bisschen, dann noch ein bisschen mehr.

Und natürlich kann man das mit den kleinen Schritten auch ganz wörtlich nehmen und sich angewöhnen, ein bisschen mehr Bewegung in den Alltag einzubauen. Wer es nicht schafft, sich regelmäßig Stunden für Sport

in öden Fitnessstudios freizuschaufeln, nimmt öfter mal das Fahrrad zur Arbeit. Oder steigt eine Station früher aus dem Bus aus und geht den Rest zu Fuß.

FRISCH KOCHEN IST TRUMPF

Die meiner Meinung nach wichtigste Gewohnheit für Gesundheit, Wohlbefinden und ein genussvolles Leben ist aber, so oft wie möglich selbst zu kochen. Wenn ich frisches Obst und Gemüse einkaufe, das Fleisch bei einem Metzger auswähle, dem ich vertraue, und im Supermarkt nur möglichst unverarbeitete Produkte in den Wagen packe, dann weiß ich schließlich, was ich esse.

Kein Lebensmittelhersteller jubelt mir überflüssige Zusatzstoffe unter, und ich spare mir jede Menge Zucker, Salz und ungesunde Fette. Die stecken nämlich in vielen Fertiglebensmitteln, und wenn man nicht gerade jede winzig gedruckte Zutatenliste ganz genau studiert, fällt das häufig noch nicht einmal auf.

Nein, selbst kochen ist der größte Gefallen, den wir uns und unserer Gesundheit tun können. An dieser Stelle höre ich allerdings oft den Einwand: »Du hast

gut reden, Kochen ist schließlich dein Beruf! Für uns andere ist das viel schwieriger, weil wir es noch neben dem Job hinkriegen müssen.«

Das stimmt – aber nur so halb. Denn erstens bereite ich oft genug Essen für meine Tochter zu und muss das ebenfalls in einem hektischen Alltag unterbringen. Und zum anderen muss kochen eben nicht bedeuten, stundenlang in der Küche zu stehen. Spaghetti mit selbst gemachter Tomatensauce sind allemal besser als eine Backofenpizza. Mich macht ein solches Pastagericht viel, viel glücklicher als jede lieblose Mahlzeit vom Imbiss nebenan.

WER IMMER EINEN KLEINEN Basisvorrat an Lebensmitteln im Haus hat, besitzt die besten Voraussetzungen, um mit etwas frischem Gemüse und vielleicht etwas Fleisch oder Fisch in kurzer Zeit etwas Gutes zu kochen.

Nicht anders mache ich es selbst. In meinem Vorratsschrank finden sich zum Beispiel immer Hülsenfrüchte (für die schnelle Küche auch in Dosen), Pasta, Risotto und Kartoffeln. Zwiebeln und Knoblauch dürfen natürlich nie ausgehen, und im Kühlschrank warten ein Stück Parmesan, Zitronen, Eier und Butter auf ihren Einsatz.

Da ich sehr gern Salate esse, habe ich eine kleine Auswahl an Öl- und Essigsorten immer in Griffweite. Kräuter schneide ich frisch im eigenen Garten, aber wer den nicht hat, stellt sich einfach ein paar Kräutertöpfchen auf die Fensterbank. Ein paar Blättchen von dem aromatischen Grün setzen einfach das i-Tüpfelchen auf jedes schnell gekochte Gericht.

GEMEINSAM GENIESSEN

Frisch zu kochen finde ich übrigens nicht nur für mich selbst wichtig. Gerade wer Kinder hat, kann ihnen so am besten zeigen, worauf es bei gesundem Essen ankommt. Natürlich macht es nicht immer Spaß, für die lieben Kleinen zu kochen – gemäkelt und gemeckert wird an jedem Familientisch.

Aber auf Dauer zeigt es eben doch Wirkung, gut zu essen und auch darüber zu sprechen. Paola ist mit ihren dreizehn Jahren dabei, ein ganz gutes Gespür dafür zu entwickeln, was guttut und was nicht – auch wenn die Unterscheidung oft nicht so leicht fällt. Als ich sie neulich einmal fragte, was sie gerne zu Mittag essen würde, sagte sie: »Eigentlich hätte ich Lust auf Frikadellen, aber irgendwie auch auf Wiener Würstchen. Was ist denn eigentlich gesünder?« Wir haben dann darüber gesprochen, dass man das pauschal schwer sagen kann, man aber bei selbst gemachten Frikadellen aus gutem Fleisch mit ein bisschen Zwiebel und Kräutern auf jeden Fall genauer weiß, was man auf dem Teller hat. Es gab dann letztlich Frikadellen.

Ich finde, man kann gar nicht hoch genug einschätzen, wie wichtig gemeinsame Mahlzeiten für eine Familie sind! Dabei wird nicht nur der Grundstein dafür gelegt, dass die Kinder ein Bewusstsein für ausgewogene Ernährung entwickeln.

Wenn alle gemeinsam am Tisch sitzen, dann wird auch klar, dass Essen eben nicht nur dazu da ist, satt zu werden: Es hat auch mit Wohlfühlen zu tun – und mit Abschalten. Wenn man gleichzeitig ein Gespräch führt, isst man außerdem automatisch langsamer und bekommt eher mit, wann man satt ist. Ich finde, das ist eine der wichtigsten Sachen, die man Kindern mitgeben kann: wie gut es tut, sich am heimischen Esstisch zu treffen und gemeinsam zu genießen.

SOLCHE GLÜCKSMOMENTE erlebe ich auch dann, wenn ich Freunde einlade. Für mich stehen dabei wirklich die Begegnung und die gemeinsamen Gespräche bei gutem Essen im Mittelpunkt. Freunden muss ich beim Kochen nichts beweisen. Ich stelle dann lieber ein paar Schüsseln auf den Tisch, als einzelne Teller anzurichten. Schließlich habe ich zu Hause auch keine Restaurantküche zur Verfügung, in der mehrere Menschen gleichzeitig an den Gerichten arbeiten.

Aber man muss sich ja nicht damit stressen, für sechs Leute das perfekte Fischfilet zu braten und dazu noch das Gemüse à point zu garen. Am liebsten bereite ich für solche Einladungen etwas zu wie eine ganze Maispoularde oder einen ganzen Fisch in Salzkruste. So kann sich jeder bei Tisch selbst bedienen, was für alle viel entspannter und kommunikativer ist.

RAUS AUS DER PERFEK-TIONISMUSFALLE

Schließlich geht es darum, einfach einen schönen Abend zu erleben, und da muss nicht alles perfekt sein. Ich finde sowieso, dass wir uns viel zu sehr unter Druck setzen. Gerade Frauen versuchen so häufig, in allen ihren verschiedenen Rollen gleichzeitig Höchstleistungen zu bringen: im Beruf, als Mutter und Liebhaberin.

Zumindest beim Kochen und Essen darf es auch etwas entspannter zugehen.

Man muss sich beispielsweise nicht bis ins letzte Detail an Rezepte halten. Bevor man auf der Suche nach bestimmten Zutaten durch ein Geschäft nach dem anderen rennt, wandelt man ein Gericht halt ab. Das Gleiche gilt, wenn auf dem Markt oder im Laden beispielsweise der Spitzkohl verlockender aussieht als der Wirsing, der auf dem Einkaufszettel steht – dann gibt es halt lieber Spitzkohl.

Rezepte können Anregungen geben, aber im Grunde muss man kochen, was einem schmeckt. Dann kommt vielleicht ein Gericht auf den Tisch, das eher »inspiriert von Poletto« ist als »original Poletto«. Warum auch nicht? Genauso soll es sein.

Das Wichtigste ist schließlich, den Spaß am Essen zu behalten (oder wiederzufinden) und sich und dem eigenen Körper damit etwas Gutes zu tun. Der Alltag ist schon anstrengend genug.

HÄUFIGE ERNÄH-RUNGSIRRTÜMER

...und was wirklich dran ist

Zugegeben: Es ist nicht immer einfach, den Überblick zu behalten, was gesunde Ernährung tatsächlich ausmacht. Schließlich streiten sich in vielen Fällen auch die Gelehrten, ob und in welchem Maße bestimmte Lebensmittel nützen oder schaden. Aber ein paar gesicherte Erkenntnisse gibt es schon.

Extrem kurz gefasst lauten sie: Je abwechslungsreicher man isst, desto besser. Obst und Gemüse sollten dabei den Löwenanteil ausmachen. Kohlenhydrate sind wichtig, aber es sollten möglichst viele von der komplexen Sorte sein, die vom Körper langsamer abgebaut werden und daher den Blutzuckerspiegel nicht Achterbahn fahren lassen. Solche komplexen Kohlenhydrate finden sich in Vollkornprodukten, Hülsenfrüchten und Kartoffeln. Fleisch und Fisch liefern wertvolles Eiweiß, müssen aber keineswegs jeden Tag sein und sollten ohnehin immer in geringerer Menge auf dem Teller liegen als Gemüse. Ähnliches gilt für Milchprodukte. Bei Fetten ist Zurückhaltung geboten, was die Menge angeht –

sie ganz vom Speiseplan zu streichen wäre allerdings auch schädlich, denn der Körper braucht sie. Besonders wichtig sind die gesunden Fettsäuren von Pflanzenölen, Nüssen und fettem Fisch. Bei Alkohol, Süßigkeiten, zuckerhaltigen Getränken und Knabberkram heißt die Wohlfühlformel: selten, aber dann mit Genuss.

Wenn man diese paar Grundsätze im Hinterkopf behält, ist schon viel gewonnen. Nach den eigenen Bedürfnissen interpretieren kann man sie dann immer noch. Wer von Vollkornprodukten Beschwerden bekommt, muss sich natürlich nicht dazu zwingen, Schwarzbrot zu essen. Wer Laktose nicht verträgt, lässt die Milch weg und weicht auf Sauermilchprodukte oder

gereifte Käsesorten aus. Und wer sich für eine vegetarische Lebensweise entschieden hat, achtet darauf, statt Fleisch und Fisch hochwertiges Eiweiß zu sich zu nehmen, zum Beispiel aus Hülsenfrüchten oder Milchprodukten. Wie gesagt: Lassen Sie ein bisschen gesunden Menschenverstand walten, hören Sie auf Ihren eigenen Körper – und fallen Sie nicht auf die folgenden populären Ernährungsirrtümer herein!

Pasta macht dick.

Meines Erachtens hat hier die Low-Carb-Bewegung etwas übertrieben. Kohlenhydrate fast komplett aus dem Speiseplan zu streichen bringt nichts – abgesehen davon, dass sie zu einer gesunden Ernährung dazugehören, halten die meisten Leute eine solche Selbstkasteiung nicht lange durch. Außerdem ist nicht die Pasta der Dickmacher: Die Übeltäter sind meist die schweren Saucen dazu.

Ich bin ein großer Pastafan, und für mich gehört der Teller Pasta mit leichtem Tomatensugo absolut in die Hitliste der Leicht-und-glücklich-Gerichte. Allerdings koche ich die Nudeln auch nie zu weich. Solange sie nämlich noch deutlich Biss haben, braucht der Körper länger, um die Stärke zu verdauen, und das macht länger satt. Al dente lautet also die Zauberformel!

Kalte Gerichte sind leicht.

Salat, Sushi, Antipasti mit mariniertem Gemüse: Für die meisten von uns klingt das erst einmal nach ziemlich leichter Kost. Kein Wunder: Wir sind in einer Esskultur aufgewachsen, in der nur Warmes als ordentliche Mahlzeit gilt, kalte Gerichte dagegen eher eine Rolle als Vorspeise und Appetitmacher spielen. Und Salate zieren immer dann die Titelseiten der Zeitschriften, wenn es darin um die neueste Diät geht.

Aber was ist wirklich dran an der Gleichung »Kaltes ist leichter als Warmes«? Ehrlich gesagt: Nichts. Eine Insalata Caprese kann durchaus mit mehr Kalorien zu Buche schlagen als eine leichte warme Gemüsesuppe, denn der Mozzarella ist nicht ohne. Bei anderen Sala-

ten ist es das Dressing, in dem sich die Kalorien verstecken – beim klassischen Caesar Salad beispielsweise, der gerade deshalb und wegen der üppigen Käsegarnitur so gut schmeckt. Da hilft es dann auch nicht mehr, ihn ohne Croûtons zu bestellen. Die sind nämlich nicht der Grund dafür, dass die Waage am nächsten Tag nach oben ausschlägt.

IM ÜBRIGEN gibt es viele Menschen, die gerade abends Salat oder Rohkost nicht gut vertragen. Ich selbst gehöre auch zu dieser Gruppe und koche mir daher am Abend lieber eine warme Suppe oder dünste etwas Gemüse. Leicht oder schwer ist nämlich eine Frage der Zubereitung, nicht der Temperatur.

Getränke zählen nicht.

Richtig ist: Getränke geben einem selten das Gefühl, etwas »Richtiges« zu sich genommen zu haben. Trotzdem wäre es ein Fehler, die flüssigen Genüsse bei der persönlichen Energiebilanz einfach außer Acht zu lassen. Dass Alkohol eine Rolle spielt, ist den meisten klar. Aber wer zum Beispiel auf ein Dessert verzichtet und

stattdessen nach dem Essen lieber noch einen Latte macchiato trinkt, hat kalorienmäßig leider gar nichts gewonnen, auch wenn es sich so anfühlt. Wegen der großen Milchmenge ist diese Kaffeespezialität nämlich eigentlich eine eigene kleine Mahlzeit.

Und was ist mit Fruchtsäften? Die liefern zwar mehr Vitamine als Cola & Co., aber mindestens genauso viel Zucker, nämlich mehr als einen Esslöffel voll pro 200-Milliliter-Glas. Wenn man also Apfel- oder Orangensaft nicht gerade sehr stark mit Wasser verdünnt, haben sie eher den Charakter einer süßen Kleinigkeit zwischendurch. Dann lieber mal einen Apfel essen!

Mit grünen Smoothies ernähre ich mich supergesund.

Smoothies sind toll. Ich trinke sie selbst gerne, und sie helfen dabei, auf die empfohlenen fünf Portionen Obst und Gemüse am Tag zu kommen. Unzweifelhaft stecken in jedem Schluck eine Menge guter Sachen: Vitamine, Mineralstoffe, sekundäre Pflanzenstoffe, darunter Antioxidantien, die vor Krebs schützen sollen. Allerdings heißt das – wie so oft – nicht, dass mehr

davon automatisch noch gesünder ist. Zum einen ist die Verdauung des Menschen so eingerichtet, dass sie schon beim Kauen anfängt. Zum anderen enthalten auch grüne Smoothies meist große Mengen Trauben- und Fruchtzucker. Den meisten Menschen schmeckt nämlich so ein reiner Grünkohl-Spinat-Petersilien-Drink nicht besonders gut. Deshalb wandern in der Regel reichlich Bananen und Mangos in den Mixer, die dafür sorgen, dass die Sache schön süß wird. Aber Zucker heißt eben auch, dass man ganz schön viele Kalorien runterschluckt, ohne es so richtig zu merken. Daher gönne ich mir nur gelegentlich mal einen Smoothie, trinke ihn mit Genuss und verwende das Gemüse ansonsten lieber zum Kochen.

Salz sparen heißt, den Salzstreuer abzuschaffen.

Grundsätzlich: Der menschliche Körper braucht Salz – ohne diesen lebenswichtigen Stoff würde im Organismus nichts funktionieren. Allerdings nehmen wir in der Regel sehr viel davon zu uns, meist rund doppelt so viel wie die empfohlene Tagesdosis von 6 Gramm. Daran ist allerdings nicht der Salzstreuer auf dem Tisch schuld, sondern vor allem das versteckte Salz in der Wurst, im Brot und in Industrielebensmitteln wie Fertigsaucen, Pizza und Brühen, die meist sehr viel davon enthalten. Während noch vor wenigen Jahren vor den Gesundheitsfolgen eines zu hohen Salzkonsums eindringlich gewarnt wurde, hat sich das Bild inzwischen etwas relativiert. Wer viel Salz isst, riskiert damit nicht automatisch gefährlichen Bluthochdruck. Aber es schadet trotzdem nicht, die Salzmenge etwas zu reduzieren – und sei es nur, um wieder ein Gespür für den Eigengeschmack von Lebensmitteln zu bekommen. Ein frischer, knackiger Kohlrabi nur mit Butter und ein paar frischen Kräutern schmeckt nämlich auch ohne viel Salz. Ein guter Weg kann also sein, beim Kochen etwas weniger großzügig ins Salzfass zu greifen. Gerade dann ist es aber wichtig, dass Salz auf dem Tisch steht, damit jeder nach eigenem Geschmack nachwürzen kann – natürlich nicht, ohne vorher probiert zu haben!

ÜBRIGENS spielt beim Salz nicht nur die Quantität eine Rolle, sondern auch die Qualität (siehe Seite 26).

Brauner Zucker ist gesünder als weißer.

Ehrlich gesagt: Zucker ist Zucker. Was die Wirkung als Dickmacher und Kariesverursacher angeht, tun sich braune und weiße Sorten nichts. Beim Herstellungsprozess wird einfach der ursprünglich braune Zucker zu weißem raffiniert. Brauner Zucker ist also meist ursprünglicher und enthält ein paar mehr Mineralstoffe als weißer. Der Unterschied ist aber zu gering, um für die Gesundheit ins Gewicht zu fallen. Der einzige Grund, braunen Zucker zu verwenden, liegt also im Geschmack: Der ist schön malzig, vor allem bei Vollrohrzucker, den ich deshalb gerne verwende.

Wer Zucker reduzieren will, kann auf Ahornsirup oder Honig umsteigen.

Die Vorliebe für Süßes ist uns Menschen angeboren. Was früher einmal praktisch war, weil der Urmensch automatisch energiereiche Nahrung bevorzugte und da-

her größere Überlebenschancen hatte, erweist sich in unserer westlichen Überflussgesellschaft als schädlich. Denn weil Zucker immer zur Verfügung steht, essen wir zu viel davon. Das führt nicht nur zu Übergewicht, sondern auch zur Abhängigkeit: Körper, Geist und Seele verlangen immer mehr von dem süßen Suchtmittel.

ALLERDINGS ist es leider nicht damit getan, den normalen weißen Haushaltszucker zu verteufeln und durch vermeintlich gesündere Alternativen wie Honig, Ahornsirup oder Agavendicksaft zu ersetzen. Denn auch die enthalten vor allem Zucker. Sprich: Kulinarisch ist die Vielfalt ein Gewinn, für die Gesundheit nicht. Wer Zucker reduzieren möchte, tut daher besser daran, sich langsam an weniger süßes Essen zu gewöhnen: Wenn Sie Ihren Cappuccino bisher mit zwei Löffeln Zucker getrunken hat, dann reduzieren Sie doch mal auf einen. Oder probieren Sie Naturjoghurt mit frischen Erdbeeren statt fertigem Erdbeerjoghurt. Nach einer Weile schmeckt das, was einmal vollkommen normal war, unerträglich süß – versprochen!

Fett ist ungesund.

Die Werbung redet uns ja ständig ein, dass alles möglichst fettfrei sein muss. Dabei braucht der Körper Fett! Wer versucht, vollständig darauf zu verzichten, nimmt sich nicht nur jeden Spaß am Essen, sondern riskiert sogar Mangelerscheinungen. Natürlich heißt das nicht, dass Fett in unbegrenzter Menge immer noch gesund ist. Aber es braucht auch niemand die Ölflasche in den Giftschrank zu sperren. Im Gegenteil: Gerade pflanzliche Öle wie Olivenöl, Rapsöl oder Leinöl enthalten genau wie Nüsse, Samen und Avocados wertvolle Fettsäuren, die der Körper nicht selbst herstellen kann.

Und was ist mit all den fettreduzierten Milchprodukten? Ich verwende lieber Joghurt aus Vollmilch mit 3,5 % Fett, weil ich danach nicht sofort wieder Hunger bekomme. Außerdem muss man bei Produkten mit sehr geringem Fettgehalt sehr aufpassen und immer die Zutatenliste studieren. Weil nämlich die Leute ihren Low-Fat-Joghurt genauso cremig haben möchten wie einen Sahnejoghurt, helfen die Hersteller gerne mit Bindemitteln nach. Ehrlich: Auf die verzichte ich gerne.

Am besten benutzt man für alles Olivenöl.

Olivenöl ist großartig, und es spielt in meiner Küche eine wichtige Rolle. Aber ich benutze es keineswegs für alles – aus gutem Grund. Zum einen bieten kalt gepresste Pflanzenöle eine große Geschmacksvielfalt, auf die ich nicht verzichten möchte. Nussöle, Raps- und Leinöl, Traubenkernöl runden mit ihren tollen Aromen Salate und andere kalte Gerichte genauso ab. Ich benutze diese Öle aber auch, um warme Gerichte direkt vor dem Servieren mit ein paar Tropfen zu veredeln.

Um damit zu braten, sind sie aber nicht geeignet. Werden sie hoch erhitzt, dann bilden sich darin nämlich schädliche Stoffe. »Hoch« heißt bei vielen Ölen schon 100 °C, und das ist schnell erreicht. Einige Pflanzenöle halten auch etwas höhere Temperaturen aus, aber selbst bei nativem Olivenöl ist spätestens bei 180 °C Schluss mit gesund. Fleisch wird aber in der Regel viel heißer angebraten, damit sich die begehrten Röststoffe bilden, und auch Bratkartoffeln bekommen die schöne Kruste erst mit mehr Hitze. Was also tun?

Früher wurde empfohlen, zum Braten raffiniertes Olivenöl zu verwenden. Aber erstens fehlt ihm durch die stärkere Verarbeitung alles, was kalt gepresstes Olivenöl so gesund macht, und zweitens gibt es in Deutschland sowieso kaum raffiniertes Olivenöl zu kaufen. Was also dann? Zum Anbraten von Rind nehme ich am liebs-

ten das eigene Fett. Das kann der Fettrand des Steaks sein, aber auch Nierentalg, das es beim Metzger (unter Umständen auf Vorbestellung) gibt. Es ist hoch erhitzbar und passt geschmacklich perfekt zum Fleisch.

Auch Butterschmalz und natives Kokosöl lassen sich auf knapp über 200 °C erhitzen. Kokosöl ist übrigens nicht mit dem altbekannten Plattenfett zu verwechseln, auch wenn es ebenfalls bei Zimmertemperatur fest ist. Natives Kokosöl (gibt es im Bioladen und Reformhaus) hat in letzter Zeit eine beeindruckende Karriere als Schlank- und Wundermittel hingelegt, denn der darin enthaltenen Laurinsäure werden allerlei gesunde Eigenschaften nachgesagt. So ganz erforscht ist das jedoch noch nicht. Kokosöl bringt allerdings – genau wie Butterschmalz – einen Eigengeschmack mit, der nicht zu allen Gerichten passt. Wie meine Tochter Paola neulich sagte: »Rosmarinkartoffeln mit Kokosöl – das geht gar nicht, Mami!« Es gibt aber Kokosöle, die mit »mild« gekennzeichnet sind und bei denen die Geschmacksstoffe zumindest reduziert sind. Mit denen kann man die Kartoffeln dann auch scharf anbraten, damit sie eine schöne Kruste bekommen. Danach beträufle ich sie mit Olivenöl und backe sie im Ofen fertig. So nutze ich die positiven Eigenschaften beider Fette.

Fett sparen heißt fettlos braten.

Wer aus lauter Angst vor dem bösen Fett das Schnitzel in die fast trockene Pfanne gibt, riskiert lediglich ein ungleichmäßiges Bratergebnis. Besser ist es, genügend Fett zu nehmen und das Schnitzel danach auf Küchenpapier zu entfetten. Schließlich isst man das Bratfett nicht mit, oder zumindest nur einen sehr geringen Teil davon. Dass wir häufig zu viel Fett zu uns nehmen, liegt ja nicht am Butterschmalz in der Pfanne, und es liegt auch nicht am Fettrand des Schinkens – wer den nicht mag, kann ihn schließlich abschneiden.

NEIN, das Problem sind die versteckten Fette, die uns gar nicht auffallen. Sie verbergen sich beispielsweise im Fleisch selbst, dem man das häufig gar nicht ansieht. In noch höherer Menge stecken sie in Wurst und Käse, in der Frühstücksschokocreme, im Croissant und in vielen industriellen Lebensmitteln. Sich das bewusst zu machen und an diesen Stellen die Augen offen zu halten bringt deutlich mehr, als fettlos zu braten und ansonsten weiterzumachen wie bisher.

HAUPTSACHE, GUTE LEBENSMITTEL

Qualität erkennen beim Einkaufen

Vor dem Kochen steht der Einkauf. Wer ganz bewusst möglichst frische und hochwertige
Produkte auswählt, schafft die beste Grundlage dafür, sich gesund und glücklich zu essen.
Nur: Wie erkennt man eigentlich Qualität? Muss es die Bio-Möhre sein? Und welche der dreißig
Olivenölsorten im Supermarktregal ist wirklich empfehlenswert?

Gar nicht so einfach! Den meisten von uns wurde die Liebe zu guten Lebensmitteln schließlich nicht gerade in die Wiege gelegt. Allzu lange galten bei uns vor allem billige Produkte als gut. Wer einmal italienische oder französische Wochenmärkte besucht hat, erkennt den Unterschied: Da wird das Gemüse betastet, beäugt und beschnuppert. Käufer und Marktfrauen diskutieren leidenschaftlich und gestenreich über die perfekt reife Tomate oder das beste Artischockenrezept.

Vielleicht können wir uns ja davon eine Scheibe abschneiden. Qualität zu erkennen ist eine Sache der Erfahrung, und die braucht ein bisschen Zeit. Wer es schafft, zumindest gelegentlich über einen Wochenmarkt zu schlendern, bekommt viel eher ein Gefühl dafür, was gute Produkte ausmacht.

Steuern Sie am besten direkt die regionalen Anbieter an, um festzustellen, welches Obst und Gemüse gerade Saison hat. Das sind nämlich die Sorten, bei denen die Wahrscheinlichkeit am höchsten ist, wirklich reife und frische Ware zu bekommen, weil sie nicht unreif geerntet und dann auf lange Reisen geschickt wurde.

IM WECHSEL DER JAHRESZEITEN

Natürlich leben wir in einer Gegend, in der wir nie eine regionale Orange und nur eine sehr kurze Zeit im Jahr wirklich reife, aromatische Freilandtomaten vom Feld

nebenan kaufen können. Das jahreszeitliche Angebot im Blick zu haben heißt deshalb meines Erachtens auch nicht, dass wir die Hälfte des Jahres an Kohl und Wurzeln nagen müssen – das würde uns den Spaß am Essen schnell verderben.

Nur schmeckt im Winter der Möhreneintopf eben besser als die Ratatouille, während Äpfel im Sommer wenig Freude machen, weil sie entweder monatelang gelagert sind oder vom anderen Ende der Welt kommen. Dafür können wir dann die ganze Fülle heimischer Beeren genießen, die wiederum im Dezember nicht mehr die Dessert-Hauptrolle spielen.

ABER DER BESUCH des Wochenmarktes gibt nicht nur ein Gefühl für die kulinarischen Jahreszeiten zurück, er bietet auch eine Chance, sich mit den Produzenten zu unterhalten. Hinter den Ständen stehen die Leute, die am besten über ihre Waren Bescheid wissen.

Lassen Sie sich ruhig einmal unbekannte Gemüsesorten zeigen und erklären, was man damit in der Küche anfangen kann. Fragen Sie, was gerade besonders gut schmeckt und was wie angebaut wird: Kommt der Salat aus dem Freiland? Wurden die Äpfel gespritzt? Denn wenn man guter Qualität von Lebensmitteln auf die Spur kommen möchte, ist eins wichtig: Nachvollziehbarkeit. Je undurchschaubarer die Produktions- und Lieferketten sind, desto leichter fällt es den Produzenten, uns mit minderwertiger Qualität abzuspeisen.

IST BIO BESSER?

Auf Produkten im Supermarkt prangen häufig Siegel, die uns Vertrauen einflößen sollen, weil sie genau das suggerieren: dass alles durch Kontrollen und Regeln perfekt nachvollziehbar ist.

Aber es lohnt sich, genau hinzusehen: So manches Siegel ist eine reine Marketingmasche. Für Bio-Siegel gilt das nicht, denn »Bio« dürfen sich nur Produkte nennen, die zu 95 Prozent aus ökologischer Landwirtschaft stammen. Das heißt: Pflanzen wurden ohne Kunstdünger und chemische Pflanzenschutzmittel angebaut, Tiere bekommen nicht vorbeugend Antibiotika verabreicht und dürfen nur unter Einhaltung bestimmter artgerechter Mindeststandards gehalten werden, und im fertigen Produkt haben die meisten Lebensmittelzusatzstoffe nichts verloren.

Allerdings stecken auch hinter Bio-Siegeln ganz unterschiedliche Vorgaben, von den Minimalanforderungen des EU-Bio-Siegels bis hin zu den strengen Richtlinien von Demeter.

Heißt das nun, dass Bio-Lebensmittel automatisch die bessere Qualität haben? Muss ich zur schon leicht schrumpeligen Bio-Möhre greifen, wenn direkt daneben die knackfrische aus konventionellem Anbau liegt? Ich finde, Bio darf nicht zur heiligen Kuh verklärt werden. Das entscheidende Kaufkriterium ist für mich der Geschmack. Wenn ich wunderbar aromatisches Obst und Gemüse in Bio-Qualität finde, freue ich mich.

Aber Bio hat sich zum Massenmarkt entwickelt. Eine nach ökologischen Kriterien angebaute Tomate kann trotzdem wässrig schmecken. Auch bei vielen Bio-Produzenten zählen vor allem wirtschaftliche Aspekte wie Ertrag und Transportfähigkeit, und danach – und eben nicht nach dem bestmöglichen Aroma – werden die Sorten für den Anbau ausgewählt.

DER GESCHMACK ZÄHLT

Umgekehrt gibt es nicht wenige kleine Produzenten, die eine aufwendige Bio-Zertifizierung scheuen, aber trotzdem Lebensmittel herstellen, die nicht nur höchsten Qualitätsansprüchen, sondern mitunter auch ökologischen Kriterien genügen.

Auch so etwas kann beim Klönschnack mit einem Bauern oder einer Gärtnerin auf dem Wochenmarkt herauskommen. Ich freue mich jedenfalls immer, wenn ich Menschen finde, die stolz sind auf das, was sie produzieren, und die mit Herzblut bei der Sache sind. Das

schmeckt man in der Regel auch – und darauf kommt es schließlich an. Statt sich auf Siegel zu verlassen, wäre es besser, der eigenen Zunge wieder mehr zu vertrauen. Dann zeigt sich auch schnell, dass so manche Tomate zwar toll aussieht und duftet, aber nach nichts schmeckt. Und es kann richtig Spaß machen, sich im Lauf der Zeit durch verschiedene Kartoffeln zu probieren, bis man die persönliche Lieblingssorte gefunden hat.

ABER SO VIEL SPASS es auch macht, auf dem Wochenmarkt einzukaufen: Für die alltäglichen Besorgungen ist meistens doch der Supermarkt die erste Anlaufstelle. Allerdings fühle ich mich dort von der schieren Masse des Angebots oft förmlich erschlagen, und ich weiß von vielen anderen, denen es genauso geht. Allein die zwanzig, dreißig Sorten Olivenöl! Hier herauszufinden, welches die guten Produkte sind, kommt einem manchmal wie eine unlösbare Aufgabe vor. Zum Glück gibt es zumindest ein paar Anhaltspunkte dafür, hinter welchem Etikett sich Qualität verbirgt.

DURCHBLICK BEIM OLIVENÖL

Bleiben wir gleich beim Olivenöl. Der wichtigste Qualitätsunterschied ergibt sich aus der Art der Pressung. Die höchste Güteklasse ist »natives Olivenöl extra«, das häufig auch die italienische Bezeichnung »extra vergine« trägt. Es wird direkt aus den Oliven gepresst, und weil die Temperatur dabei unter 40 Grad bleiben muss, sind im Öl noch sämtliche wertvollen Inhalts- und Geschmacksstoffe enthalten.

Auch »natives Olivenöl« (ohne den Zusatz »extra«) wird so gewonnen, kann allerdings Geschmacksfehler haben. Ich benutze ausschließlich Olivenöl »extra vergine«. Im Supermarkt stellt sich dabei allerdings ein Problem: Fast jedes Öl trägt diese Bezeichnung. Welche Kriterien gibt es also sonst noch?

Natürlich ist auch Olivenöl Geschmackssache. Der eine mag am liebsten eine Sorte, die pfeffrig schmeckt, die andere das mildere. In welche grobe Richtung das Öl geht, kann man schon erkennen, bevor man die Flasche geöffnet hat, falls die Herkunftsregion darauf angegeben ist. Als Faustregel gilt nämlich: Je mehr Sonne die Oliven abbekommen haben, desto milder ist das aus ihnen gepresste Öl.

Deshalb schmecken Sorten aus Norditalien (zum Beispiel aus Ligurien) in der Regel pfeffriger als solche aus dem Süden, beispielsweise Kalabrien. Natürlich steht die Herkunftsregion nicht immer auf dem Etikett, aber auch das ist für mich ein Kriterium, denn solche Flaschen lasse ich gleich stehen. Nur allzu häufig befindet sich darin Öl, das billig irgendwo zusammengekauft und zusammengemischt wurde.

Das kann übrigens auch der Fall sein, wenn das Etikett zwar »Toskana« verspricht, dort aber lediglich der Abfüller zu Hause ist. Hier ist ein bestimmtes Siegel tatsächlich eine Kaufhilfe: Trägt ein Öl das runde, rotgelbe Emblem »Geschützte Ursprungsbezeichnung«, dann bedeutet das, dass alle Produktionsschritte in der angegebenen Region stattgefunden haben.

Mit einem Blick auf das Mindesthaltbarkeitsdatum stelle ich außerdem fest, wie frisch das Öl ist. Liegt das Datum noch ein Jahr oder sogar mehr in der Zukunft, trage ich mit hoher Sicherheit kein muffiges Öl nach Hause, sondern frisches aus der letzten Ernte.

Neben Olivenöl habe ich immer auch ein paar andere Pflanzenöle da, denn die bringen eine tolle Aromenvielfalt in die Küche. Dazu ist es nicht notwendig, aromatisierte Öle wie Zitronen-, Orangen- oder Basilikumöl zu kaufen: Häufig finden sich darin nämlich Aromastoffe, die mit den echten ätherischen Ölen der Geschmacksgeber wenig zu tun haben (dass auch Trüffelöl aus dem Supermarkt selten einen Trüffel gesehen hat, zeigt schon der Preis). Viel besser ist es, ein neutral schmeckendes Öl wie Raps- oder Distelöl frisch mit Kräutern oder abgeriebener Zitrusfruchtschale zu würzen.

Abgesehen davon liefern verschiedene kalt gepresste Nussöle, Kürbiskern- und Traubenkernöl reichlich Abwechslung, nicht nur für Salat. Auch Leinöl benutze ich

gerne. Mit seinem hohen Gehalt von Omega-3-Fett-säuren tut es dem ganzen Körper gut.

ECHTER ACETO BALSAMICO

Das Essigregal des Supermarktes bietet eine ähnlich große Auswahl, und auch hier stellt sich die Frage: Welches Produkt ist denn nun gut?

Gleich die beliebteste Sorte von allen stellt uns Käufer in dieser Beziehung vor die schwierigsten Entscheidungen. Aceto balsamico wird schon seit vielen Hundert Jahren in der italienischen Region um Modena aus Traubenmost hergestellt. Auf traditionelle Art produzierter »Aceto balsamico tradizionale« hat mit Salatessig nichts zu tun. Er reift über mindestens zwölf Jahre hinweg in Fässern, und heraus kommt eine enorm konzentrierte, sirupartige Flüssigkeit, die man tröpfchenweise benutzt, um Gerichte zu veredeln.

Im Supermarkt begegnet uns allerdings in der Regel schlicht »Aceto balsamico«. Da dieser Begriff nicht geschützt ist, mischen viele Hersteller einfach Traubenmostkonzentrat mit billigem Weinessig und färben das Ergebnis mit Zuckerkulör. Die Fassreifung entfällt oft ganz. Mit dem traditionellen Würzessig hat diese Flüssigkeit keine Ähnlichkeit!

Ein Indiz für höhere Qualität ist das blau-gelbe Siegel »geschützte geografische Angabe«. Das Emblem und die Bezeichnung »Aceto balsamico di Modena« beziehungsweise »di Reggio Emilia« dürfen nämlich nur Produkte tragen, die tatsächlich aus Trauben der jeweiligen Region hergestellt und mindestens 60 Tage im Holzfass gereift sind. Ein solcher Essig verleiht Salaten und anderen Gerichten eine schön fruchtige Note.

VIELFALT FÜR DEN SALAT

Aber das Essigregal hat noch mehr zu bieten. Ich mag besonders gerne fruchtige Essige wie zum Beispiel Himbeeressig. Wichtig ist in allen Fällen, auf dem Etikett zu kontrollieren, ob statt Fruchtauszügen Aromastoffe enthalten sind. Außerdem sollte der Essig keinen zu hohen Säuregehalt haben, sonst wird der Geschmack schnell beißend. Bei um die 5 bis 6 Prozent schmecken Essige mild und aromatisch. Aus Essigessenz mit ihrem Säuregehalt von 25 Prozent wird auch verdünnt kein guter Essig! Sie eignet sich nur zum Putzen und Entkalken.

ABER EHRLICH: Wenn ich durch einen Supermarkt gehe, dann denke ich mir manchmal, dass viele Produkte für die menschliche Ernährung einen ähnlich zweifelhaften Wert haben. So viele Tüten und Päckchen geben vor, das Kochen zu beschleunigen, und gewöhnen doch nur an einen industriell hergestellten, künstlichen Geschmack. Light-Produkte stecken voller Bindemittel, um das fehlende Fett auszugleichen, und es wird immer schwieriger, pure und möglichst unverarbeitete Waren zu bekommen. Selbst Dosentomaten sind oft schon vorgewürzt. Wozu?

Auch ich greife für manche Gerichte auf Konserven zurück, denn die Saison frischer, aromatischer Tomaten ist bei uns einfach allzu kurz. Aber dann sollten sich in der Dose tatsächlich nur geschälte, reife Tomaten im eigenen Saft und etwas Salz befinden.

Natürlich gibt es Unterschiede, und auch hier gilt: probieren, bis man das Lieblingsprodukt gefunden hat. Inzwischen stehen übrigens auch im Supermarkt Produkte mit den sehr aromatischen süditalienischen San-Marzano-Tomaten – sie zu testen lohnt sich!

FLEISCH UND FISCH KAUFEN

Abgesehen von den meisten industriell hergestellten Produkten gibt noch etwas, das ich im Supermarkt links liegen lasse: abgepacktes Fleisch. Fleisch ist Vertrauenssache, finde ich. Ich muss mit dem Metzger sprechen können, muss ihn fragen dürfen, wo die Tiere herkommen, wie sie gehalten und wo sie geschlachtet wurden. Denn abgesehen davon, dass ich Massentierhaltung nicht unterstützen möchte, erreicht solches Fleisch auch niemals gute Qualität.

Man muss nur mal den Unterschied anschauen zwischen einem Huhn, das sein dreißig Tage kurzes Leben eingepfercht mit Tausenden anderen in einem Stall verbringen musste, und einem, wie ich es meinen Gästen vorsetze: Das ist ein Tier, das siebzig Tage alt werden durfte und sein Leben lang draußen an der frischen Luft herumlaufen, scharren und picken konnte. Sein Fleisch ist viel fester als das des Industriehuhns, und es schmeckt schön intensiv.

Ich kann also nur empfehlen: Suchen Sie sich einen Metzger, dem Sie vertrauen! Es ist gar nicht ausgeschlossen, dass Sie ihn im Supermarkt finden, wo er die Frischfleischtheke betreibt. Hauptsache, er versteht sein Handwerk, kann Ihnen Fragen beantworten, und in der Theke sieht es hygienisch und appetitlich aus.

DER EINKAUF von frischem Fisch ist leider noch ein bisschen schwieriger als der von Fleisch, denn in vielen Orten gibt es gar kein Fischgeschäft mehr. Falls Sie aber eins in der Nähe haben oder ein Fischstand auf Ihrem Wochenmarkt steht, dann sprechen Sie so viel wie möglich mit den Verkäufern! Nicht jeden Fisch gibt es immer, und ein guter Fischhändler weiß Rat, welcher sich ersatzweise eignet.

Fragen Sie ihn ruhig auch, wo Kabeljau, Lachs oder Wolfsbarsch genau herkommen. Viele Fischbestände sind inzwischen so stark dezimiert, dass unklar ist, ob sie sich noch erholen können. Viele Leute fragen sich deshalb, ob sie Fisch überhaupt noch guten Gewissens genießen dürfen.

Die gute Nachricht: Die Broschüren, die regelmäßig von WWF und Greenpeace herausgegeben werden, führen für fast jede Fischart bestimmte Fanggebiete und -methoden auf, die unproblematisch sind. Der Fischhändler kann Ihnen sagen, ob seine Ware aus diesen Gebieten kommt.

UM GUTE LEBENSMITTEL zu finden, läuft es also im Grunde immer auf ähnliche Tipps hinaus: Versuchen Sie, so viel wie möglich über das Produkt und seine Herkunft in Erfahrung zu bringen. Unterhalten Sie sich dazu mit den Leuten, die es am besten wissen: den Produzenten und Händlern. Und vor allem: Probieren Sie sich genüsslich durch! Denn wer mit Lieblingsprodukten kocht, kocht gleich doppelt so gerne.

PERFEKT GEWÜRZT UND ABGESCHMECKT
Kochen für die Sinne

Ich liebe den Geschmack wirklich hervorragender Zutaten. Das bedeutet allerdings
nicht, dass sie immer nur ganz pur auf den Teller kommen sollen. Gekonnt zu würzen
heißt, den Eigengeschmack der Produkte so mit anderen Aromen zu verbinden,
dass sich auf der Zunge ein harmonischer Gesamteindruck entfaltet.

Das ist besonders dann wichtig, wenn man etwas leichter kochen möchte. Schon unsere Großmütter wussten, dass Fett Geschmacksträger ist. Inzwischen hat die Forschung sogar den Beweis dafür gefunden, dass es auf der Zunge nicht nur Rezeptoren für die Grundgeschmacksrichtungen Salzig, Süß, Sauer, Bitter und Umami gibt, sondern auch für Fett. Wenn wir das reduzieren, sollten wir daher die anderen Geschmacksnerven umso mehr kitzeln. Natürlich braucht man zum Würzen ein bisschen Erfahrung, aber ein paar grundsätzliche Tipps kann ich schon geben.

SALZIG

Raffinierte Salze habe ich schon lange aus meiner Küche verbannt. Denn obwohl dieses wichtigste Küchengewürz immer zum allergrößten Teil aus Natriumchlorid besteht, ist Salz eben nicht gleich Salz.

Normales Küchensalz wird industriell aufbereitet. Dabei werden ihm fast alle Mineralstoffe entzogen, und es werden chemische Rieselhilfen zugefügt. Viele Salze sind außerdem mit Jod angereichert. Da aber in sehr vielen verarbeiteten Produkten ebenfalls Jodsalz steckt, leidet bei uns kaum jemand unter Jodmangel. Für manche Personen ist Jodsalz sogar gefährlich!

Ich benutze ausschließlich natürliche Salze, die keine künstlichen Zusätze, dafür aber eine Extraportion Mineralstoffe enthalten. Sie schmecken nicht so unangenehm beißend, wie es bei Kochsalz oft der Fall ist. Das heißt nicht, dass es unbedingt rosa Himalajasalz sein muss, das von weither zu uns gebracht wird. Meine Salze kommen aus der Bretagne, aus Österreich, und selbst auf Sylt wird inzwischen Meersalz hergestellt.

Außerdem überlege ich genau, welches ich wofür verwende. Mit teurem Fleur de Sel das Nudelwasser zu salzen wäre reine Verschwendung, denn der Reiz dieser feinen Salzflöckchen liegt in ihrer Textur. Überall da, wo sich das Salz auflöst, benutze ich ein preiswerteres, grobes (aber ebenfalls natürliches!) Salz.

Die sogenannten Finish-Salze wie Fleur de Sel oder Salt Flakes dagegen sind dazu da, fertige Speisen zu veredeln. Sie geben dem gegrillten Fleisch oder dem Stück Fisch am Schluss das gewisse Etwas, das die Geschmacksknospen weckt und dadurch das Eigenaroma der Speisen verstärkt.

Übrigens bringt durchaus nicht nur Salz eine salzige Würze ans Essen. Ich spiele gerne auch mit Zutaten wie Sardellen, Sojasauce oder getrockneten Tomaten. Die bringen allerdings außer dem salzigen Geschmack noch eine andere wichtige Qualität mit. Womit wir beim nächsten Thema wären:

eher zu Misopaste, Fisch- oder Sojasauce. Bei letzterer verwende ich gerne salzreduzierte Sorten.

UMAMI

Diese Lebensmittel sprechen einen Geschmackssinn an, der unter diesem Namen erst seit einigen Jahrzehnten bekannter wird. Umami ist Japanisch und bedeutet so viel wie »fleischig«. Der damit bezeichnete volle, runde Geschmack ist aber natürlich keine neue Erfindung. Einer der wichtigsten Träger ist Fleischbrühe, die eingekocht als Glace in der feinen Küche immer schon eine große Rolle gespielt hat.

Hervorgerufen wird der Geschmack durch Glutaminsäure. Falls Sie jetzt an den berüchtigten Geschmacksverstärker Mononatriumglutamat denken, dann liegen Sie nicht ganz falsch: Glutamat ist tatsächlich ein Salz der Glutaminsäure. Die ist allerdings natürlicherweise in vielen Lebensmitteln enthalten und kann den Eigengeschmack von Gerichten verstärken, ohne dass man dazu in den Chemiebaukasten greifen muss.

Meine persönliche Lieblingszutat für den Umami-Kick ist Parmesan. Überhaupt haben die Italiener einen ganz besonderen Sinn für diese Geschmacksrichtung, die auch durch Tomaten (besonders getrocknete), Sardellen oder schwarze Oliven ins Essen gelangt. Wenn ich in die asiatische Richtung denke, greife ich dagegen

SÜSS

Eine süße Note macht viele Gerichte erst rund – keineswegs nur Desserts. Durch eine Prise Zucker wird der Eigengeschmack süßlicher Gemüsesorten wie Erbsen oder Möhren verstärkt. Außerdem balanciert ein Element von Süße sowohl Saures als auch Bitteres aus – pur empfindet die Zunge beide Geschmacksrichtungen mitunter als unangenehm.

Raffinierten Zucker verwende ich in meiner Küche kaum, aber das hat geschmackliche Gründe (siehe dazu auch Seite 17). Ich mag einfach die malzige Note von Vollrohrzucker. Auch Honig und Ahornsirup bringen zusätzlich interessante Aromen ins Essen. Das Karamellige des Ahornsirups kombiniere ich besonders gerne zu Zitronen- oder Limettensaft.

Für Zuckerersatzprodukte wie Stevia und Agavendicksaft kann ich mich dagegen nicht erwärmen. Stevia bringt einen für mein Empfinden unangenehmen Eigengeschmack mit, und Agavendicksaft ist auch nicht gesünder als Zucker. Wer Zucker reduzieren möchte, tut besser daran, öfter mal nur mit Früchten oder Trockenfrüchten zu süßen. In Vinaigrettes nutze ich ohnehin häufig die Fruchtsüße von Weintrauben, und zwar in Form von gereiftem Aceto balsamico.

SAUER

Womit wir bei der Säure angekommen wären. Ich finde, man kann die Bedeutung dieser Geschmacksrichtung für die Genussküche gar nicht hoch genug einschätzen! In meinem Kühlschrank liegen immer Zitronen, und in Griffweite stehen mehrere Sorten Essig.

Schon eine kleine Menge Säure kann die Aromenbalance eines Gerichts vollkommen verändern, ohne dass man sie überhaupt bewusst durchschmecken muss. Sie lässt den Charakter vieler Zutaten deutlicher zutage treten, verleiht Gerichten Frische und Leichtigkeit, und Saucen wie Sauce hollandaise oder Mayonnaise nimmt erst ein Spritzer Zitrone oder ein Tropfen Essig den überwältigend üppigen Eindruck.

BITTER

Dieser Geschmacksrichtung müssen sich viele erst wieder vorsichtig annähern. Instinktiv meiden wir Bitterstoffe nämlich, was uns in der Urzeit davor schützte, Giftiges zu essen. Weil sich Bitteres demzufolge nicht gut verkaufen lässt, haben sich Industrie und Landwirtschaft bemüht, diesen Geschmack zu eliminieren: Gemüse wie Spargel oder Auberginen kam vor fünfzig Jahren viel bitterer daher als heute.

Dabei ist Bitter lediglich eine Sache des Trainings: An die herben Noten von Oliven oder Bier haben sich die meisten von uns ja auch irgendwann gewöhnt. Es lohnt sich, dieser Geschmacksrichtung immer wieder eine Chance zu geben.

Zum einen deshalb, weil Bitterstoffe häufig wohltuend auf die Verdauung wirken. Zum anderen bringen sie in Gerichte eine gewisse Spannung hinein. Kein Wunder, dass sich gerade Desserts aus der Trickkiste der bitteren Zutaten wie Kaffee und Kakao bedienen! Einfach süß ist nämlich langweilig.

Mein Tipp: Mischen Sie häufiger bittere Sorten wie Radicchio oder Chicorée in Ihre Blattsalate! Eine süß-

liche Note in der Vinaigrette oder eine fruchtige Salatzutat puffert die Bitterkeit ab. Schauen Sie außerdem auf Märkten ruhig mal nach alten Gemüsesorten, aus denen die Bitterstoffe nicht herausgezüchtet wurden!

SCHARF

Scharf ist eigentlich kein Geschmackssinn, sondern ein Schmerzempfinden. Wenn es dominiert, schmeckt man kaum noch etwas. Bewusst und wohldosiert eingesetzt, kann ein kleiner Schärfekick aber umgekehrt die Wahrnehmung des Essens steigern.

Ich koche daher nur überschaubar scharf, mag aber einige scharfe Gewürze wegen ihrer Aromen. Vor allem die Vielfalt der Pfeffersorten finde ich spannend. Zum Glück sind viele davon heute viel einfacher zu bekommen als noch vor einigen Jahren. Gut sortierte Supermärkte bieten immer öfter auch Langpfeffer oder Kubebenpfeffer an.

Wovon ich die Finger lasse, sind fertige Pfeffermischungen. Sie enthalten nämlich meist rosa Pfeffer (eigentlich kein Pfeffer im botanischen Sinne), der viel weicher und harziger ist. Er verklebt im Null Komma nichts die Pfeffermühle. Ich mische mir lieber selbst schwarze und weiße Pfefferkörner zusammen.

Chilis spielen in meiner Küche keine besonders große Rolle. Was ich aber sehr schätze, ist Piment d'Espelette. Mit den altbekannten Pimentkörnern hat er nichts zu tun: Es handelt sich um die gemahlenen Schoten einer besonders fruchtigen Chilisorte, die im Baskenland zu Hause ist. Das Gewürz besitzt eine leicht süßliche Schärfe, die gut zu Fisch und Krustentieren passt. Auch Piment d'Espelette findet sich immer häufiger im Supermarkt. Es lohnt sich aber, es in guter Qualität bei einem Gewürzhändler zu kaufen oder zu bestellen.

GEWÜRZE UND KRÄUTER

Damit sind wir schon bei dem riesigen Thema Gewürze angekommen, für das man eigentlich allein ein ganzes Buch bräuchte. Deshalb möchte ich hier nur zum praktischen Aspekt ein paar Worte verlieren.

Ich kaufe meine Gewürze immer im Ganzen und zerstoße sie frisch im Mörser. Aus fertig gemahlenen Gewürzen verflüchtigen sich die wertvollen ätherischen Öle ziemlich schnell. Außerdem weiß ich so genau, was in meinem Essen landet. In vielen fertigen Gewürzmischungen werden die teuren Gewürze nämlich mit allerhand Schmu gestreckt.

Falls Sie aber lieber gemahlene Gewürze verwenden, dann achten Sie darauf, sie mit einem Teelöffel zu entnehmen, statt die Dose direkt über die Töpfe zu halten. So vermeiden Sie, dass Wasserdampf das Pulver anfeuchtet und unerwünschte Bakterien und Schimmelsporen zum Leben erweckt. Bewahren Sie Ihre Gewürze in lichtundurchlässigen Behältnissen an einem trockenen Ort auf und kontrollieren Sie ruhig immer mal wieder die Haltbarkeitsdaten. Trockene Gewürze verlieren an Aroma, und in so manchem Gewürzregal schlummern noch Schätzchen, die vor Urzeiten einmal für ein bestimmtes Rezept angeschafft wurden. Wenn Sie auf diese Weise wieder ein bisschen Platz geschaffen haben, können Sie ja mal wieder etwas Neues ausprobieren. Die Welt der Gewürze bietet so viel Raum für kreative Experimente!

Ähnliches gilt für Kräuter, die bei mir ebenfalls eine wichtige Rolle spielen. Ich verwende sie nach Möglichkeit frisch. Im Restaurant bekommen wir sie bundweise oder im Töpfchen; zu Hause muss ich dafür nur in den Garten gehen. Aber selbst wer keinen Garten hat: Für ein paar Kräutertöpfchen ist auch in der kleinsten Küche noch Platz.

Stammgäste von mir scherzen manchmal, als Nächstes werde die Wissenschaft den »Poletto-Geschmack« entdecken. Dabei sind die Zutaten meines persönlichen Kochstils keineswegs schwer zu erforschen. Im Grunde beginnt und endet alles mit guten Lebensmitteln: aromatischen Ölen, frischen Kräutern und perfekten Grundprodukten. Wenn es daran fehlt, kann auch das größte Würzgenie nicht viel ausrichten. Umgekehrt macht es aber großen Spaß, aus diesen Zutaten das Beste herauszukitzeln. Dann macht nämlich nicht nur das Essen, sondern schon das Kochen glücklich!

Guter Start
IN DEN TAG

Sind Sie eher der Typ, der zum Frühstück nur eine Kleinigkeit
herunterbekommt? Oder brauchen Sie gleich zu Tagesbeginn schon
eine gute Portion Energie? So oder so: Hier kommen die passen-
den Ideen für Ihren ganz persönlichen guten Morgen. Und weil am
Wochenende nichts über ein ausgedehntes Genussfrühstück geht,
finden Sie am Ende des Kapitels ein paar besonders raffinierte Rezepte.

ERDBEER-CARPACCIO
mit Knusper-Quinoa

Mit diesem Carpaccio machen Erdbeeren mit Joghurt und gesunden Körnern gleich doppelt so viel Spaß.
Wer sich nämlich gleich morgens signalisiert: »Du bist es wert, ein hübsch angerichtetes Frühstück zu genießen«,
der trägt den restlichen Tag über den Kopf ein kleines bisschen höher.

1 Den Backofen auf 200 °C vorheizen. Ein Backblech mit Backpapier belegen. Honig, Zucker, Butter und Öl in einer großen Pfanne unter Rühren erhitzen, bis sich der Zucker gelöst hat. Die Pfanne vom Herd nehmen, die Quinoa hinzufügen und alles gut miteinander verrühren.

2 Die Mischung gleichmäßig auf dem Blech verteilen und im Ofen (Mitte) in 10–15 Min. goldbraun und knusprig backen. Dabei die Knusper-Quinoa ab und zu umrühren. Die Quinoa nach dem Backen vollständig auskühlen lassen und in einem luftdicht verschlossenen Glas aufbewahren.

3 Für das Erdbeer-Carpaccio die Minze waschen, trocken schütteln und die Blättchen abzupfen. Nach Belieben einige schöne Spitzen zum Garnieren beiseitelegen, den Rest in feine Streifen schneiden. Die Vanilleschote längs aufschlitzen, das Mark auskratzen und mit Joghurt, Honig und Minzstreifen verrühren. Die Mischung mit etwas Limettensaft abschmecken.

4 Die Erdbeeren waschen, entkelchen und in hauchdünne Scheiben schneiden. Die Erdbeerscheiben überlappend auf vier Tellern anrichten und mit etwas Limettensaft beträufeln. Einige Joghurtkleckse daraufgeben und zuletzt die Knusper-Quinoa darüberstreuen. Alles nach Wunsch mit Puderzucker und jeweils einer Minzspitze garnieren.

Zubereitung: ca. 30 Min.

FÜR DIE KNUSPER-QUINOA

1 EL Honig

1 EL Vollrohrzucker

1 EL Butter

1 EL Rapsöl

200 g Quinoa

FÜR DAS ERDBEER-CARPACCIO

2 Stängel Minze

½ Vanilleschote

250 g Schafsjoghurt

1 TL Honig

Saft von 1 Limette

400 g Erdbeeren

ZUM GARNIEREN

Puderzucker

HOLSTEINER DICKMILCH
mit Blaubeeren und Zimtcrunch

*Ein wunderbar nostalgischer Frühstücksgenuss, der an Sommertage in Großmutters Garten erinnert.
Und wieder einmal ein Beweis dafür, dass das Gute auch ganz klassisch daherkommen darf.*

1 Die Zitrone heiß abwaschen und trocknen. Die Schale fein abreiben und den Saft auspressen. Die Blaubeeren vorsichtig waschen und auf Küchenpapier abtropfen lassen. 200 g der schönsten Beeren zur Seite stellen.

2 Die Vanilleschote längs aufschlitzen und das Mark herauskratzen. Mark und Schote mit den restlichen Beeren, Zitronensaft, 1 Msp. Zimt und Cassis in einen Topf geben und aufkochen. Alles ca. 5 Min. bei mittlerer Hitze köcheln lassen.

3 Die Beeren durch ein feines Sieb passieren, mit den zurückbehaltenen Blaubeeren verrühren und auskühlen lassen.

4 Die Dickmilch mit Schafsjoghurt, abgeriebener Zitronenschale und Ahornsirup verrühren und mind. 2 Std. kalt stellen.

5 Einen Bogen Backpapier bereitlegen. Den Zucker mit 2 EL Wasser in einem Topf schmelzen und hellbraun karamellisieren lassen. Die Mandeln gleichmäßig darin wenden, auf Backpapier verteilen und auskühlen lassen.

6 Die karamellisierten Mandeln klein hacken. Die Amarettini zerbröseln und mit den Mandeln und dem restlichen Zimt verrühren. Die Dickmilch-Mischung auf vier Schalen verteilen, mit der Blaubeersauce garnieren und mit dem Amarettini-Mandel-Crunch servieren.

Zubereitung: ca. 30 Min.
Kühlen: 2 Std.

1 Bio-Zitrone
600 g Blaubeeren (ersatzweise TK-Blaubeeren)
1 Vanilleschote
1 TL Zimtpulver
3 EL Crème-de-Cassis-Likör (ersatzweise Schwarze-Johannisbeer-Sirup)
800 g Dickmilch
150 g Schafsjoghurt
4 EL Ahornsirup
1 EL Vollrohrzucker
12 blanchierte Mandeln
20 Amarettini

FRISCHKORNBREI ALLA SIMONETTA
mit Beeren und Verbene

Meine Freundin Simonetta hat mir gezeigt, dass Frischkornbrei zum Frühstück nicht nur gut tut, sondern auch gut schmeckt. Die Verbene bringt hier eine wunderbare Zitrusnote ins Spiel.

1 Das Getreide in einer Getreidemühle grob schroten (falls Sie keine besitzen, können Sie es im Reformhaus oder Bioladen mahlen lassen). Den Getreideschrot in einer Schüssel mit Chiasamen und 150 ml Wasser mischen und mind. 8 Std. (oder über Nacht) bei Zimmertemperatur (nicht im Kühlschrank) einweichen lassen.

2 Am nächsten Morgen den Apfel waschen, ungeschält bis zum Kerngehäuse reiben und mit Zitronensaft mischen. Die Sahne in einem hohen Rührbecher mithilfe des Pürierstabs schlagen und mit der Apfel-Zitronen-Mischung zum Getreide geben.

3 Die Nüsse und/oder Samen nach Belieben hacken oder ganz lassen. Die Verbene waschen, trocken tupfen, die Blättchen von den Stängeln zupfen und in feine Streifen schneiden.

4 Die Beeren vorsichtig waschen und abtropfen lassen. Stiele bzw. Kelche entfernen (Anderes Obst waschen, ggf. schälen und in mundgerechte Stücke schneiden.) Nüsse und/oder Samen, Verbenenstreifchen, Beeren oder vorbereitetes Obst und Gojibeeren unter den Frischkornbrei heben.

Zubereitung: ca. 10 Min.
Einweichen: 8 Std.

200 g Getreidekörner
  (z. B. Sechskornmischung
  aus Weizen, Roggen, Gerste,
  Hafer, Dinkel, Buchweizen)
4 EL Chiasamen
1 Apfel
Saft von 1 Zitrone
3 EL Sahne
4 EL Nüsse und/oder Samen
  (nach Geschmack)
4 Stängel Zitronenverbene
500 g Beeren (z. B. Erdbeeren,
  Johannisbeeren, Blaubeeren;
  außerhalb der Saison anderes
  Obst)
2 EL Gojibeeren (Bioladen oder
  Reformhaus)

ZITRUSFRÜCHTE-KOKOSMÜSLI
mit Maracujajoghurt und Früchten

Im Winter, wenn bei uns das Angebot an Frischem übersichtlich ist, mixe ich mir gerne
mit exotischen Früchten eine große Portion Sonnenstrahlen ins Müsli.

1 Die Orange mit einem Messer bis ins Fruchtfleisch hinein schälen, die Filets zwischen den Trennhäutchen heraus- und klein schneiden.

2 Ananas, Kiwis und Mangohälfte schälen und das Obst in mundgerechte Stücke schneiden.

3 Den Joghurt mit der Kokosmilch glatt rühren. Die Maracujas halbieren, das Innere mit einem Löffel auslösen, unter den Joghurt rühren und die Mischung nach Geschmack mit Ahornsirup süßen.

4 Die Früchte auf vier Müslischalen verteilen, mit Kokosraspeln, Hirseflocken und Quinoa bestreuen und mit dem Maracujajoghurt garnieren.

AM BESTEN: FRISCHES KOKOSFLEISCH

Wer dieses Müsli einmal mit frisch geriebener Kokosnuss gegessen hat, weiß, dass Kokosflocken nur ein schwacher Ersatz sind. Und so schwierig ist es nicht, an das begehrte Fleisch der harten Nuss zu kommen: Stechen Sie als Erstes mit einem Schraubenzieher durch die drei »Augen« auf der Unterseite, sodass Sie das Kokoswasser in ein Glas abgießen können. Nehmen Sie nun die Nuss in eine Hand und klopfen Sie mit einem Hammer immer rund um den Äquator, bis sie aufbricht. Das Fruchtfleisch mit einem Messer herauslösen und – am besten auf der Rohkostreibe der Küchenmaschine – raspeln. Es ist dafür nicht nötig, die braune Haut zu entfernen.

Zubereitung: ca. 10 Min.

1 Orange
4 Scheiben frische Ananas
2 Kiwis
½ Flugmango
500 g Naturjoghurt
100 ml Kokosmilch
4 Maracujas
Ahornsirup (nach Belieben)
4 EL frisch geriebene Kokosnuss
 (ersatzweise Kokosflocken)
40 g Hirseflocken
40 g gepuffte Quinoa (Reformhaus oder Bioladen)

POLETTOS
BIRCHERMÜSLI
mit Piemonteser Haselnüssen

1 Falls Sie ungeröstete Haselnüsse benutzen, den Backofen auf 200 °C vorheizen. Die Haselnüsse auf ein Backblech geben und im Ofen (oben) 10–12 Min. gleichmäßig anrösten. Die Nüsse herausnehmen und etwas abkühlen lassen, dann in ein Küchentuch geben und reiben, sodass die Haut abblättert. Die Nüsse grob hacken.

2 Joghurt und Magerquark mit dem Honig verrühren. Apfel und Birne waschen und mit der Schale bis aufs Kerngehäuse raspeln. Das geriebene Obst mit Dinkelkleie, Flohsamen, Sechskornflocken und Haselnüssen zur Joghurt-Quark-Mischung geben und gründlich unterrühren.

3 Das Birchermüsli abgedeckt mind. 2 Std., am besten aber über Nacht, im Kühlschrank durchziehen lassen. Ist es am nächsten Morgen zu fest, einfach etwas Milch dazugeben.

4 Das Birchermüsli mit frischen Früchten servieren.

Zubereitung: ca. 30 Min.
Durchziehen: mind. 2 Std.

60 g Haselnüsse (möglichst
    Piemonteser, siehe Tipp)
250 g Naturjoghurt
125 g Magerquark
50 g Honig
1 Apfel
1 Birne
2 EL Dinkelkleie
1 EL Flohsamen (Reformhaus
    oder Bioladen)
150 g Sechskornflocken
50–100 ml Milch
frische Früchte der Saison
    (z. B. Beeren, Zitrusfrüchtefilets
    oder Banane)

DIE BESTEN HASELNÜSSE DER WELT

Im italienischen Piemont, dem »Land am Fuß der Berge«, wächst eine Haselnusssorte, die es sonst nirgends auf der Welt gibt: die »Tonda Gentile delle Langhe«. Unter Feinschmeckern gilt sie wegen ihres feinen Geschmacks als beste der Welt. Bei uns gibt es sie in Feinkostgeschäften und über das Internet zu kaufen, und zwar in der Regel bereits geröstet. Schon zum Einfach-so-Knabbern sind Piemonteser Haselnüsse ein Genuss, aber sie verleihen ihr intensiv nussiges Aroma auch gerne Gerichten wie diesem Müsli.

CORNELIA POLETTOS LIEBLINGSPRODUKTE

BEEREN

Von April bis Oktober geht es in meiner Küche rot-blau-bunt zu, denn Beeren sind für mich eine der schönsten Seiten des Sommers. Es fängt an mit den ersten, sehnsüchtig erwarteten Erdbeeren. Dann folgen die säuerlichen roten und weißen und die herb-aromatischen schwarzen Johannisbeeren. Himbeeren begleiten mich bis in den Oktober, und im Spätsommer kommen Brombeeren und Blaubeeren (die auch Heidelbeeren genannt werden) dazu.

Jede dieser Sorten besitzt ein unverkennbares, intensives Aroma, und das allein macht sie schon zu echten Küchenlieblingen. Auch dass sie gesund sind, war mir immer schon klar, schließlich enthalten sie jede Menge Vitamine – schwarze Johannisbeeren beispielsweise fast viermal so viel Vitamin C wie Zitronensaft!

Aber was die kleinen Kraftpakete wirklich können, das wird erst allmählich in ganzem Ausmaß bekannt. Das Stichwort hier lautet Anthocyane. Diese sogenannten sekundären Pflanzenstoffe sind für die rote beziehungsweise blaue Farbe der Beeren verantwortlich.

Wenn wir das Mini-Obst essen, wirken sie als Antioxidantien und machen freie Radikale unschädlich, sodass sie unsere Körperzellen nicht angreifen können. Auf diese Weise beugen sie Krebs vor – ein echtes Superfood also!

Beeren haben für mich übrigens nicht nur im Frühstücksmüsli oder in Desserts einen Platz. Nicht umsonst sind die Preiselbeeren zu Wildgerichten ein Klassiker und Blaubeeren in Steinpilzrisotto auf dem besten Weg dahin! Die kleinen Früchte bringen Raffinesse in viele Gerichte. Wenn das nicht ein Grund ist, die Beerensaison nach Kräften auszunutzen!

SAUERMILCH-PRODUKTE

Meine Vorliebe für Sauermilchprodukte stammt noch aus meiner Kindheit: Ich bin mit dem selbst gemachten Kefir meiner Oma aufgewachsen, und noch heute fängt bei mir der Morgen häufig mit Kefir, Joghurt oder Dickmilch an, dazu Obst und ein paar Getreideflocken. Ich mag diese säuerlichen Milchprodukte, weil sie so etwas Frisches, Leichtes haben – genau richtig für ein Frühstück, das mich fit für den Tag macht.

Außerdem tun sie gut. Einigen der Bakterienstämme, die dafür verantwortlich sind, dass die Milch sauer wurde, werden alle möglichen gesunden Wirkungen nachgesagt, von besserer Immunabwehr bis hin zu Schutz vor Krebs. Was wirklich dran ist, wird immer noch erforscht. Dass viele dieser Milchprodukte aber einen günstigen Einfluss auf die Darmflora haben, ist sicher – und das wusste auch schon meine Oma. Dafür braucht man keine teuren probiotischen Produkte mit zweifelhaften Gesundheitsversprechen zu kaufen.

Aber auch beim Kochen greife ich immer wieder zu saurer Sahne, Schmand oder Crème fraîche. Sie machen beispielsweise Suppen nicht nur cremig, sondern geben ihnen auch eine feinsäuerliche Note. Mayonnaise mit einem gewissen Anteil Joghurt schmeckt gleich viel leichter, und mit raffiniert gewürzten Dips auf Basis von Sauermilchprodukten setze ich gerne zusätzliche Akzente auf dem Teller. Wer Crème fraîche mit über 30 Prozent Fettanteil dabei zu üppig findet, kann sie durch Schmand (24 bis 28 Prozent) ersetzen. Saure Sahne mit 10 Prozent Fettanteil eignet sich allerdings nur für kalte Gerichte oder für den Klecks oben auf einer warmen Suppe. Wird sie mitgekocht, flockt sie aus.

KAROTTEN-CUPCAKES
mit Zitrusfrüchtekompott

1 **Für die Cupcakes** den Backofen auf 200 °C vorheizen. In die Mulden des Muffinblechs Papierförmchen setzen. Die Möhren schälen, putzen und fein raspeln. Die Orangen mit einem Messer bis ins Fruchtfleisch hinein schälen, die Filets zwischen den Trennhäutchen heraus- und klein schneiden. Die Mandeln hacken.

2 **Eier und Honig** mit den Quirlen des Handrührgeräts schaumig aufschlagen. In einer zweiten Schüssel Dinkelvollkornmehl, Backpulver, Natron, Salz, Zimt und Muskat vermischen und abwechselnd mit Olivenöl, Buttermilch und Orangensaft unter die Eimasse rühren. Zuletzt die geraspelten Möhren, Orangenfilets und Mandeln unterheben.

3 **Den Teig** in die Papierförmchen füllen und im heißen Ofen (Mitte) 20–25 Min. backen, bis an einem hineingesteckten Holzstäbchen kein Teig mehr hängen bleibt. Die Cupcakes auf einem Rost auskühlen lassen.

4 **Für das Zitruskompott** alle Zitrusfrüchte mit einem Messer bis ins Fruchtfleisch hinein schälen, die Filets zwischen den Trennhäutchen herausschneiden und in eine Schüssel geben. Die Vanilleschotenhälfte längs aufschlitzen und das Mark herauskratzen.

5 **Den Zucker** mit 4 EL Wasser in einem Topf bei mittlerer Hitze schmelzen und goldgelb karamellisieren lassen. Mit Orangensaft ablöschen, Vanillemark und -schote sowie die Gewürze dazugeben. Rühren, bis sich der Zucker wieder gelöst hat. Die Flüssigkeit aufkochen und bei schwacher Hitze auf die Hälfte einkochen lassen. Die Speisestärke mit dem Orangenlikör anrühren, in die Flüssigkeit geben und einmal unter Rühren aufkochen, bis die Mischung eindickt. Die Flüssigkeit über die Zitrusfrüchtefilets gießen und mind. 30 Min. marinieren lassen. Das Zitrusfrüchtekompott zu den Cupcakes servieren.

Zubereitung: ca. 45 Min.
Backen: ca. 25 Min.
Marinieren: 30 Min.

FÜR 12 CUPCAKES
180 g Möhren | 2 Bio-Orangen
80 g Mandeln
2 Eier (Größe M) | 80 g Honig
260 g Dinkelvollkornmehl
1 gehäufter TL Backpulver
½ TL Natron | 1 Prise Salz
je 1 Msp. Zimtpulver und frisch
    geriebene Muskatnuss
70 ml bestes Olivenöl
120 ml Buttermilch
50 ml Orangensaft

FÜR DAS ZITRUSKOMPOTT
2 Clementinen | 2 Blutorangen
2 Orangen | 1 rosa Grapefruit
½ Vanilleschote
50 g Vollrohrzucker
400 ml Orangensaft
1 Gewürznelke | ½ Zimtstange
1 Sternanis | 1 Pimentkorn
1 TL Speisestärke
4 cl Orangenlikör
   (z. B. Grand Marnier)

AUSSERDEM
1 Muffinblech (12 Mulden)
Muffin-Papierförmchen

AVOCADO-APFEL-RÖSTBROT
mit Räucherlachs und Meerrettich

1 Den Schnittlauch waschen, trocken schütteln und in feine Röllchen schneiden. Die Limette heiß abwaschen, trocknen, die Schale abreiben und den Saft auspressen. Den Apfel schälen, vierteln, das Kerngehäuse entfernen, das Fruchtfleisch klein würfeln und sofort mit dem Limettensaft mischen.

2 Die Avocados halbieren, den Kern entfernen, das Fruchtfleisch aus der Schale lösen und mit einer Gabel fein zerdrücken. Schnittlauch, Apfel-Limetten-Mischung und Limettenschale gut untermischen und den Aufstrich mit Meersalz und Pfeffer würzen.

3 Das Vollkornbrot im Toaster knusprig rösten. Die Avocadocreme darauf verteilen und mit den Räucherlachsscheiben belegen. Den Meerrettich schälen und etwas davon über die Brote reiben.

Zubereitung: ca. 20 Min.

½ Bund Schnittlauch
1 Bio-Limette
1 Apfel
2 Avocados
Meersalz | schwarzer Pfeffer
4 Scheiben Vollkornbrot
4–8 Scheiben Räucherlachs
    (nach Belieben)
1 Stück frischer Meerrettich

LIEBLINGSLACHS

Lachs gehört zu meinen Lieblingsfischen, egal ob roh, kurz gegrillt, gebeizt oder geräuchert. Beim Genießen profitiere ich außerdem von seinen gesunden Fettsäuren. Kalorienarm ist der Fisch allerdings nicht gerade. Entscheiden Sie daher selbst, ob Sie im Rezept oben lieber weniger oder mehr Lachs aufs Brot legen möchten! Hauptsache jedenfalls, Sie kaufen ein gutes Produkt. Es ist empfehlenswert, Räucherlachs aus Bio-Zucht zu kaufen. Oder Sie sehen sich nach geräucherter Fjordforelle aus Norwegen um. Die lebt sowohl im Süß- als auch im Salzwasser, lagert ihr Fett im Bauch ein und besitzt deshalb wunderbar mageres, festes Fleisch.

WALNUSSBROT
mit Feigen

1 Die Walnüsse grob hacken. Die getrockneten Feigen klein würfeln. Die beiden Mehlsorten in einer großen Schüssel miteinander vermischen und die Hefe darüberbröseln. Salz und 350 ml Wasser dazugeben und alles mit den Knethaken des Handrührgeräts zu einem glatten Teig verarbeiten.

2 Den Teig auf die bemehlte Arbeitsfläche geben und immer wieder auseinanderziehen und zusammenfalten, um genügend Luft hineinzuarbeiten. Den Teig auf diese Weise ca. 5 Min. bearbeiten, bis er elastisch wird und sich leicht von der Arbeitsfläche löst. Zum Schluss die Walnüsse und Feigen einarbeiten. Den Teig in eine Schüssel setzen, mit einem Tuch abdecken und an einem warmen Ort ca. 30 Min. gehen lassen.

3 Den Teig zu einer Kugel formen: Dazu die Teigränder nach unten einklappen, sodass sich die Teigoberfläche strafft. Den Vorgang drei- bis fünfmal wiederholen, bis die Kugel schön fest ist. Den Teig auf der Arbeitsfläche ca. 5 Min. ruhen lassen.

4 Ein Gärkörbchen (Weidenkörbchen) mit Mehl bestäuben. Alternativ eine flache Schüssel mit einem Küchentuch auslegen und bemehlen. Den Teig mit der glatten Oberseite nach unten hineinlegen, mit einem Küchentuch abdecken und an einem warmen Ort ca. 1 Std. gehen lassen, bis der Teig sein Volumen verdoppelt hat.

5 Ein Backblech mit Mehl bestäuben. Den Teig daraufstürzen und die Oberfläche mit einem scharfen Messer kreuzweise einritzen. Eine kleine Schale mit Wasser in den Ofen stellen und diesen auf 220 °C vorheizen. Das Brot in den heißen Ofen (Mitte) geben und 10 Min. bei 220 °C anbacken. Dann die Wasserschale herausnehmen (Achtung, sie ist heiß!), den Ofen auf 200 °C herunterschalten und das Brot weitere 30–35 Min. backen. Es ist fertig, wenn es beim Klopfen auf die Unterseite hohl klingt. Das fertige Brot aus dem Ofen nehmen und auf einem Gitter auskühlen lassen.

DAS VEREDELTE KÄSEBROT

Zu diesem Brot passt perfekt ein würziger Gorgonzola piccante oder Roquefort. Schneiden Sie den Käse dünn auf und legen Sie ihn im Wechsel mit Stücken von frischen Feigen auf eine Brotscheibe.

Zubereitung: ca. 20 Min.
Gehen: 1 Std. 30 Min.
Backen: 45 Min.

FÜR 1 BROT
100 g Walnusskerne
100 g getrocknete Feigen
300 g Weizenvollkornmehl
200 g Weizenmehl (Type 550)
15 g frische Hefe
10 g Meersalz

AUSSERDEM
Weizenmehl zum Verarbeiten
Gärkörbchen (nach Belieben)

POLETTOS KNUSPERKNÄCKE
mit Schinken und Erdbeeren

*Früher war Knäckebrot für mich untrennbar mit Diäten verknüpft – ein freudloses Brot
für freudlose Zeiten. Mit diesem Rezept ist bewiesen, dass es auch anders kann: als genussvoll-knusprige
Unterlage für einen Belag, der gute Laune macht*

1 **Für das Knäckebrot** die Butter schmelzen und abkühlen lassen. Dinkelvollkornmehl und Salz in einer großen Schüssel vermischen. Nach und nach 85 ml Wasser zufügen und alles mit den Quirlen des Handrührgeräts glatt rühren. Zuletzt die Butter untermischen. Den Teig mind. 1 Std. im Kühlschrank ruhen lassen.

2 **Den Backofen** auf 145 °C (Umluft; Ober-/Unterhitze nicht empfehlenswert) vorheizen. Zwei Backbleche mit Backmatten oder Backpapier auslegen. Jeweils die Hälfte des Teigs mithilfe einer Palette dünn daraufstreichen, mit Sesam bestreuen und ca. 45 Min. backen. Das Knäckebrot von Backmatte oder Backpapier lösen, in ungefähr handtellergroße Stücke brechen und in einer Keksdose aufbewahren.

3 **Für die Fleur-de-Sel-Butter** die Butter mit den Quirlen des Handrührgeräts sehr schaumig aufschlagen und mit Fleur de Sel und Pfeffer würzen. Die Butter zu einer Wurst formen, in Frischhaltefolie einrollen und mind. 4 Std. (oder über Nacht) einfrieren.

4 **Zum Anrichten** die Erdbeeren waschen, putzen und in dünne Scheiben schneiden. Acht Stücke Knäckebrot bereitlegen. Die Fleur-de-Sel-Butter aus der Folie wickeln und mithilfe eines Hobels auf jedes Knäckebrotstück ein paar feine Scheiben geben. Darauf jeweils 1 Scheibe Schinken legen und die Erdbeerscheiben dazwischenstecken. Die Brote mit Pfeffer aus der Mühle würzen und zuletzt einige Tropfen alten Balsamico darüberträufeln.

5 **Das restliche Knäckebrot** hält sich in einer verschlossenen Dose gut 1 Woche, die Fleur-de-Sel-Butter im Tiefkühlschrank 1 Monat.

Zubereitung: ca. 30 Min.
Ruhen: 1 Std.
Backen: 45 Min.
Gefrieren: mind. 4 Std.

FÜR DAS KNÄCKEBROT
8 g Butter
125 g Dinkelvollkornmehl
3 g Meersalz
1 EL Sesamsamen (helle und
    dunkle gemischt)

FÜR DIE FLEUR-DE-SEL-BUTTER
100 g weiche Butter
1 TL Fleur de Sel

AUSSERDEM
4 Erdbeeren
8 hauchdünne Scheiben
    Parmaschinken
Pfeffer aus der Mühle
alter Aceto balsamico
    zum Beträufeln

GEFÜLLTE AVOCADO
mit Hüttenkäse und Kresse

Dieses Rezept zeigt einmal mehr, dass ein gesundes Frühstück auch ohne Brot und Brötchen auskommt!
Mit gesunden Fetten und viel hochwertigem Eiweiß gibt die Avocado viel Schwung für den Tag.

1 **Die Avocados** längs halbieren, den Kern herauslösen und die Früchte schälen. Die Hälften in etwas Zitronensaft wenden und innen wie außen salzen und pfeffern.

2 **Die Tomaten** mit kochendem Wasser überbrühen, kalt abschrecken, häuten, vierteln und Stielansätze sowie Kerne entfernen. Das Fruchtfleisch fein würfeln. Die Gurke waschen, putzen und ebenfalls fein würfeln.

3 **Den restlichen Zitronensaft** mit Ahornsirup und Olivenöl verquirlen, mit Gurken- und Tomatenwürfeln mischen und alles mit Salz und Pfeffer abschmecken.

4 **Die Avocadohälften** mit jeweils 50 g Hüttenkäse füllen. Die Gemüsevinaigrette darübergeben. Die Kresse vom Beet schneiden und die Avocadohälften damit garnieren.

5 **Dazu passt** ein kerniges Vollkornbrot.

Zubereitung: ca. 15 Min.

2 reife Avocados
Saft von 1 Zitrone
Meersalz | schwarzer Pfeffer
2 Eiertomaten
1 Minigurke
1 EL Ahornsirup
80 ml bestes Olivenöl
200 g Hüttenkäse
1 Schale Kresse

VIELFALT AUS DEM MINI-BEET

Neben der bekannten Gartenkresse finden sich in der Gemüseabteilung größerer Supermärkte immer häufiger auch andere Kressesorten. Shisokresse kommt meist mit purpurroten Blättchen daher und hat einen intensiv blumig-anisartigen Geschmack. Daikon- oder Rettich-Kresse erinnert mit ihrer Schärfe tatsächlich an Rettich oder sogar Meerrettich. Laufend kommen neue Sorten dazu, und es lohnt sich, die Augen offen zu halten, denn Kressen bringen mit wenig Mühe Abwechslung aufs Brot und in Salate. Die Übergänge zur nicht minder vielfältigen Welt der Sprossen sind übrigens fließend, auch wenn man Sprossen streng genommen mit den feinen Wurzeln, Kressen aber ohne verwendet. Trotzdem lohnt sich auch ein Blick auf das Sprossen-Angebot. Das ist in Bio-Supermärkten oft besonders groß.

ZARTE CRÊPES
mit Rhabarberfüllung

Pfannkuchen versetzen mich immer in meine Kindheit zurück. Damals fand ich,
meine Oma macht die besten! Heute mag ich die dünneren, buttrigeren Crêpes zwar noch lieber,
aber die Kombination mit Rhabarber ist einfach ungeschlagen gut.

1 **Für die Füllung** die Rhabarberstangen putzen, schälen und in 2 cm lange Stücke schneiden. Den Rhabarber mit Zucker, Zimtstange, aufgeschlitzter Vanilleschote und Rharbarbersaft in einen Topf geben und bei schwacher Hitze 5–8 Min. dünsten, aber auf keinen Fall kochen lassen: Der Rhabarber soll nicht zerfallen. Die Rhabarberstücke mit einem Schaumlöffel herausheben. Die Stärke mit 2 EL Wasser anrühren, mit dem Rhabarbersaft verquirlen und die Mischung kurz aufkochen, bis sie leicht andickt. Den Sud abkühlen lassen und die Rhabarberstücke wieder untermischen.

2 **Für die Crêpes** die Butter in einem kleinen Topf schmelzen lassen und bei schwacher Hitze so lange köcheln, bis sich unten eine weiße Schicht absetzt. Die geklärte Butter ohne diese Schicht vorsichtig in einen hohen Rührbecher gießen und kurz auf Zimmertemperatur abkühlen lassen. Alle übrigen Zutaten für die Crêpes zugeben und alles mit einem Pürierstab kräftig mixen. Den Teig ca. 1 Std. ruhen lassen.

3 **In einer kleinen Pfanne** etwas Butterschmalz erhitzen. Etwas Teig hineingeben, durch Schwenken hauchdünn verteilen und von jeder Seite ca. 2 Min. backen. Den Crêpe auf einen warmen Teller gleiten lassen und aus dem übrigen Teig sieben weitere Crêpes backen.

4 **Die Crêpes** mit der Hälfte des Rhabarberkompotts füllen und zusammenklappen. Jeweils zwei Crêpes auf einem Teller anrichten, mit dem übrigen Kompott garnieren und mit Puderzucker bestäuben.

EXTRALUFTIG: SOUFFLIERTE CRÊPES

Um die Crêpes zu einem feinen Dessert zu machen, den Backofen auf 220 °C vorheizen. Die fertig aufgerollten Crêpes in eine gefettete ofenfeste Form geben. 2 Eier (Größe M) trennen. Die Eiweiße mit 1 Prise Salz und 30 g Zucker zu steifem Schnee schlagen. 1 Msp. Speisestärke darüberstäuben und mit den verquirlten Eigelben rasch unterheben. Von der Masse mit zwei Esslöffeln Nocken abstechen und auf den Crêpes verteilen. Die Crêpes im heißen Ofen (Mitte) 3–5 Min. überbacken, bis die Nocken oben leicht gebräunt sind. Die soufflierten Crêpes auf vier Tellern verteilen, mit Puderzucker bestäuben und mit dem restlichen Rhabarberkompott dekorativ anrichten.

Zubereitung: ca. 30 Min.
Ruhen: 1 Std.

FÜR DIE FÜLLUNG
250 g Rhabarber
75 g Vollrohrzucker
½ Zimtstange
½ Vanilleschote
2 EL Rhabarbersaft
10 g Speisestärke

FÜR DIE CRÊPES
45 g Butter
90 ml Milch
1 Prise Salz
1 Ei (Größe M)
40 g Weizenmehl
1 EL Zucker

AUSSERDEM
Butterschmalz zum Ausbacken
Puderzucker zum Bestäuben

KRABBENOMELETT
mit Vollkornchips

Als waschechtes Nordlicht bin ich mit dem Klassiker Rührei mit Krabben groß geworden. Ich habe das Gericht etwas modernisiert und aus dem traditionell dazu servierten Vollkornbrot einfach Knusperchips gebacken. So schmeckt die Sache feiner und leichter – aber immer noch genauso großartig.

1 Für die Brotchips das Vollkornbrot mind. 1 Std. anfrieren lassen. Den Backofen auf 180 °C vorheizen. Das angefrorene Vollkornbrot mit der Brotmaschine in möglichst dünne Scheiben schneiden. Die Brotchips auf einem Backblech verteilen, dünn mit Olivenöl bepinseln und im Backofen in ca. 10 Min. knusprig rösten. Die fertigen Chips herausnehmen, abkühlen lassen und leicht zerbröseln.

2 Für das Krabbenomelett die Zitrone heiß abwaschen, trocknen, die Schale fein abreiben und den Saft auspressen. Die Frühlingszwiebeln putzen, waschen und in feine Ringe schneiden. Die Kräuter waschen und trocken schütteln. Nach Belieben ein paar zum Garnieren beiseitelegen, die übrigen fein schneiden. Die Eier mit Milch und Sprudelwasser in eine Schüssel geben, mit Salz und Pfeffer würzen und mit einem Schneebesen sehr schaumig aufschlagen. Vollkornchipbrösel vorsichtig unterheben.

3 1 TL Butter in einer weiten Pfanne aufschäumen. Die Frühlingszwiebeln darin ca. 3 Min. bei schwacher Hitze anschwitzen, salzen und pfeffern. Die Kräuter unterrühren. Die schaumige Eimasse in die Pfanne gießen, kurz mit der Zwiebel-Kräuter-Mischung verrühren und dann auf der Unterseite leicht stocken lassen. Den Omelettrand mit dem Schaber von der Pfanne lösen.

4 Die Krabben mit Zitronensaft und -schale mischen und in die Eimasse geben. Das Krabbenomelett 1 weitere Min. stocken lassen. Die Pfanne mit einem Teller bedecken und das Omelett daraufstürzen. In der Pfanne den übrigen TL Butter erhitzen.

5 Das Omelett wieder in die Pfanne gleiten lassen und von der anderen Seite 1 weitere Min. braten. Das Omelett sofort aus der Pfanne servieren und gegebenenfalls mit den beiseitegelegten Kräutern garnieren.

Zubereitung: ca. 25 Min.
Gefrieren: 1 Std.

FÜR DIE VOLLKORNBROTCHIPS
100 g Vollkornbrot
Olivenöl zum Bepinseln
Fleur de Sel

FÜR DAS KRABBENOMELETT
1 Bio-Zitrone
4–6 Frühlingszwiebeln
(je nach Größe)
4 Stängel glatte Petersilie
4 Stängel Dill
8 Eier (Größe M)
4 EL Milch
50 ml Sprudelwasser
Meersalz | schwarzer Pfeffer
2 TL Butter
200 g gepulte Nordseekrabben

RICOTTA-PANCAKES
mit Bresaola und Pfifferlingen

Pancakes auf Italienisch: Die Pfannkuchen aus fluffigem Ricotta-Teig und die herzhaften Pilze bilden den perfekten Kontrast zu dem hauchdünn geschnittenen luftgetrockneten Rinderschinken aus Italien.

1 Die Pfifferlinge verlesen und putzen. Große Pfifferlinge halbieren oder vierteln. Schalotte und Knoblauch schälen und in feine Würfel schneiden. Die Frühlingszwiebeln putzen, waschen und in feine Ringe schneiden. Petersilie waschen, trocken schütteln und die Blätter abzupfen oder -streifen. Die Petersilienblättchen fein schneiden. Die Erbsensprossen abbrausen und gut abtropfen lassen. Den Spinat waschen, trocken schleudern und in nicht zu schmale Streifen schneiden.

2 Den Backofen auf 100 °C vorheizen. Die Eier trennen und die Eiweiße mit 1 Prise Salz steif schlagen. Die Eigelbe mit Ricotta und Milch verrühren. Den Eischnee mit dem Mehl unterheben. Zum Schluss die Spinatstreifen vorsichtig untermischen.

3 In einer großen beschichteten Pfanne 2 EL Olivenöl erhitzen. Pro Pancake jeweils 2 EL Teigmasse in die Pfanne geben und jeweils drei bis vier Pancakes gleichzeitig bei mittlerer Hitze 2–3 Min. backen, wenden und von der anderen Seite ebenfalls 2–3 Min. backen. Die fertigen Pancakes herausnehmen, auf Küchenpapier abtropfen lassen und im Ofen warm halten.

4 In einer zweiten Pfanne 1 EL Olivenöl erhitzen. Die Pfifferlinge darin bei mittlerer Hitze etwa 3 Min. anbraten. Schalotte, Knoblauch und Frühlingszwiebeln hinzugeben, die Hitze herunterschalten und die Frühlingszwiebeln 2 Min. mitdünsten lassen. Die Kräuter unterheben und die Pfifferlingspfanne mit Salz und Pfeffer abschmecken.

5 Die Pancakes auf vier Teller verteilen und die Bresaola locker darauf anrichten. Die Pfifferlinge auf und um die Pancakes verteilen. Das Ganze mit etwas bestem Olivenöl und altem Balsamico beträufeln und mit den Erbsensprossen garnieren.

WENIG ZEIT?

Pfifferlinge zu putzen dauert seine Zeit, selbst wenn nicht der halbe Waldboden darin hängt. Wenn es daher einmal schnell gehen muss, können Sie das Rezept stattdessen auch mit Kräuterseitlingen ausprobieren. Diese großen Pilze brauchen normalerweise gar nicht gesäubert zu werden. Schneiden Sie sie einfach in Scheiben und braten Sie sie genauso an wie die Pfifferlinge im Rezept.

Zubereitung: ca. 30 Min.

200 g Pfifferlinge
1 Schalotte
1 Knoblauchzehe
1 Bund Frühlingszwiebeln
2 Stängel glatte Petersilie
4 Zweige Thymianblättchen
1 Handvoll Erbsensprossen
100 g Babyblattspinat
2 Eier (Größe M)
Meersalz
250 g Ricotta
125 ml Milch
100 g Weizenmehl (Type 405)
schwarzer Pfeffer

AUSSERDEM
Olivenöl zum Braten
12 hauchdünne Scheiben
 Bresaola (italienischer Rinderschinken, gut sortierter Supermarkt oder italienisches
 Feinkostgeschäft)
2 EL bestes Olivenöl
 zum Beträufeln
alter Aceto balsamico
 zum Beträufeln

TOMATEN-HIMBEER-KONFITÜRE
mit Gewürzen und Olivenöl

*Diese würzige Tomatenkonfitüre macht sich wunderbar als Begleiter zur Käseplatte
auf dem sonntäglichen Brunchtisch, denn sie passt zu Mozzarella ebenso gut wie zum Parmesan.
Außerdem eignet sie sich perfekt zum Verschenken.*

1 Die Tomaten mit kochendem Wasser überbrühen, kalt abschrecken, häuten, vierteln und Stielansatz sowie Kerne entfernen. Das Tomatenfruchtfleisch in kleine Würfel schneiden. Knoblauch und Schalotten schälen, die Schalotten fein würfeln. Den Ingwer schälen und in Scheiben schneiden. Die Chilis längs halbieren, Stielansatz und Samen entfernen, die Schoten waschen und in feine Streifen schneiden. Die Himbeeren verlesen.

2 Das Olivenöl mit Honig, Zimtstange und Sternanis in einen Topf geben und erhitzen. Die Knoblauchzehen und Ingwerscheiben dazugeben und goldgelb karamellisieren lassen. Die Schalottenwürfel mit den restlichen Gewürzen dazugeben und bei mittlerer Hitze glasig anschwitzen.

3 Alles mit den Tomaten und Himbeeren ablöschen und bei mittlerer Hitze 20–30 Min. köcheln lassen, bis die gewünschte Konsistenz erreicht ist.

4 Zimtstange, Sternanis und Ingwerscheiben herausfischen. Den Aceto balsamico unterrühren und die Konfitüre sofort bis zum Rand in saubere, sterilisierte Gläser füllen. Die Gläser sofort verschließen, umdrehen und ca. 5 Min. auf dem Deckel stehen lassen. Danach umdrehen und vollständig auskühlen lassen. Die Konfitüre hält sich ungefähr 1 Jahr.

Zubereitung: ca. 1 Std.
Für 4 Twist-off-Gläser à 200 ml

1,5 kg aromatische Tomaten
   (z. B. San Marzano)
4 junge Knoblauchzehen
6 Schalotten
20 g frischer Ingwer
2–4 frische rote Chilischoten
   (Menge nach gewünschter
   Schärfe)
500 g Himbeeren
100 ml Olivenöl
3 EL Honig
1 Zimtstange
3 Stück Sternanis
10 Safranfäden
1 TL gemahlener Kreuzkümmel
1 TL grob gemörserter
   schwarzer Pfeffer
1 EL alter Aceto balsamico

KARTOFFEL-
WAFFELN
mit Williamsbirnenragout

1 Für das Birnenragout den Zucker in einem Topf bei mittlerer Hitze schmelzen lassen, goldgelb karamellisieren und mit dem Weißwein ablöschen. Rühren, bis sich der Zucker wieder gelöst hat. Die Vanilleschote der Länge nach aufschlitzen und das Mark auskratzen. Mark, Schote und Pimentkörner in den Sud geben und den Birnensaft zufügen. Alles zum Kochen bringen und offen bei mittlerer Hitze auf die Hälfte einkochen lassen.

2 In der Zwischenzeit die Limettenhälfte heiß abwaschen, trocknen und die Schale fein abreiben. Die Birnen schälen und ohne Kerngehäuse fein würfeln. Die Würfel in den Birnensud geben und bei schwacher Hitze 3–5 Min. garen, dann mit dem Schaumlöffel herausheben und abtropfen lassen. Pimentkörner und Vanillestange aus dem Sud entfernen und diesen sirupartig einkochen lassen. Falls Sie ihn stärker gebunden haben möchten, die Stärke mit 2 EL Wasser anrühren, in die heiße Flüssigkeit einrühren und aufkochen, bis sie bindet. Die Birnenwürfel wieder hinzufügen und das Birnenragout mit dem Birnenbrand (falls verwendet) und der Limettenschale abschmecken.

3 Für die Kartoffelwaffeln die Vanilleschote längs aufschlitzen und das Mark herauskratzen. Die Zitrone heiß abwaschen, trocknen, die Schale fein abreiben und den Saft auspressen. Die Kartoffeln gegebenenfalls schälen und durch die Kartoffelpresse drücken.

4 Butter, Zucker, Vanillemark, Salz und Zitronenschale mit den Quirlen des Handrührgeräts schaumig schlagen. Die Eier einzeln dazugeben und unterrühren. Die Stärke mit dem Zitronensaft glatt rühren und dazugeben. Nach und nach das Mehl zufügen und gründlich verrühren. Die gekochten Kartoffeln und den Joghurt unterheben und das Mineralwasser zufügen.

5 Aus dem Teig im Waffeleisen auf hoher Stufe nach und nach zwölf Waffeln backen. Die Waffeln mit Puderzucker bestäuben und mit Birnenragout und Crème fraîche servieren.

Zubereitung: ca. 40 Min.

FÜR DAS BIRNENRAGOUT

50 g Vollrohrzucker

50 ml Weißwein

1 Vanilleschote | 5 Pimentkörner

250 ml Birnensaft

½ Bio-Limette | 3 Williamsbirnen

1 TL Speisestärke (falls nötig)

2 EL Williamsbirnenbrand
   (nach Belieben)

FÜR DIE KARTOFFELWAFFELN

1 Vanilleschote

1 Bio-Zitrone

200 g gekochte Kartoffeln
   vom Vortag

200 g weiche Butter

200 g Zucker | 1 Prise Salz

6 Eier (Größe M)

20 g Speisestärke

250 g Weizenmehl (Type 405)

100 ml Naturjoghurt

50 ml Sprudelwasser

AUSSERDEM

Fett für das Waffeleisen

50 g Puderzucker

4 TL Crème fraîche

Leicht und schnell
FÜR JEDEN TAG

Wer hat zwischen Familie und Arbeit, Terminen und To-do-Listen
schon Zeit, sich liebevoll und stundenlang den täglichen Mahlzeiten zu widmen? Genau. Deshalb kommen hier ein paar Rezepte,
die sich entweder gut vorbereiten lassen und dann schnell auf
dem Tisch stehen oder aber nur wenig Arbeit erfordern.

GEMÜSEPICKLES
aus dem Glas

1 Die Schalotten schälen und halbieren. Die Möhren putzen, schälen und in Scheiben schneiden. Den Zucchino waschen, putzen, längs halbieren und quer in Halbmonde schneiden. Die Paprikaschoten halbieren, Stiele, Kerne und Scheidewände herausschneiden. Die Schoten waschen, mit einem scharfen Sparschäler schälen und in mundgerechte Stücke schneiden. Die Maiskolben waschen und längs halbieren.

2 Das Gemüse mit allen übrigen Zutaten sowie 100 ml Wasser in einem Topf zum Kochen bringen. Alles 5 Min. bei mittlerer Hitze kochen lassen und sofort in heiß ausgespülte Gläser füllen. Die Gläser fest verschließen, auf den Kopf stellen und nach 5 Min. wieder umdrehen.

3 Die Pickles halten sich an einem kühlen, dunklen Ort ca. 1 Monat. Wer sie länger aufheben möchte, kann sie einkochen: Dazu den Backofen auf 180 °C (Umluft 160 °C) vorheizen. Die Fettpfanne in den Ofen (unten) schieben, die Gläser daraufstellen und ca. 2 cm hoch Wasser angießen. Sobald in den Gläsern Luftblasen aufsteigen, das Gemüse 30 Min. einkochen, dann herausnehmen und abkühlen lassen. Eingekocht hält es sich ca. 1 Jahr.

Zubereitung: ca. 30 Min.
Für 2 Twist-off-Gläser à 300 ml
Fassungsvermögen

8 kleine Schalotten

8 kleine Möhren

1 kleiner grüner Zucchino

je 1 rote und gelbe Paprikaschote

4 Mini-Maiskolben

½ TL Senfpulver (in britischen Geschäften oder im Internetversand)

¼ TL gemahlene Kurkuma

5 g Meersalz

1 TL gelbe Senfkörner

1 TL schwarze Pfefferkörner

75 g Vollrohrzucker

250 ml milder Weißweinessig

PRAKTISCHER GEMÜSEVORRAT

Pickles wurden im Westen populär, nachdem die Engländer würzig eingelegte Gemüsemischungen in Indien kennengelernt hatten. Sie brachten die Idee heim und wandelten sie nach ihrem eigenen Geschmack ab. So ließen sie das in Indien übliche Öl weg, verwendeten Essig statt Zitronen- oder Limettensaft und passten den Schärfegrad an westliche Gaumen an. Ich mag Pickles als praktischen, gesunden (und köstlichen!) Vorrat: Meine Variante passt als tolle Beilage zu Fondue, gegrilltem Fisch oder Fleisch. Man kann sie aber auch wunderbar als Gemüsesalat mit etwas Ziegenfrischkäse anrichten. Das ist dann eine ganze Mahlzeit aus dem Glas. Praktisch, oder?

KÜRBIS-BRUSCHETTA
mit Scamorza

1 **Für die marinierten Kürbiswürfel** das Kürbisfruchtfleisch ca. 1 cm groß würfeln. Den Zucker in einem Topf schmelzen und goldgelb karamellisieren lassen. Die Gewürze zugeben und alles mit Essig und 200 ml Wasser ablöschen. Rühren, bis sich der Zucker wieder gelöst hat. Den Fond bei starker Hitze auf die Hälfte einkochen lassen und durch ein feines Sieb geben, die Gewürze wegwerfen. Die Kürbiswürfel im Fond in 5 Min. bissfest garen, darin abkühlen lassen und mind. 12 Std. (besser 1–2 Tage) abgedeckt im Kühlschrank durchziehen lassen.

2 **Für das Kürbispüree** den Backofen auf 180 °C vorheizen. Die Kürbisse in Spalten schneiden, auf ein Blech mit Backpapier legen und im Backofen in 30–40 Min. weich backen. Inzwischen die Butter in einem kleinen Topf schmelzen und bei mittlerer Hitze köcheln lassen, bis sie hellbraun wird und nussig duftet. Die Nussbutter vom Herd nehmen und abkühlen lassen. Die weichen Kürbisspalten herausnehmen, leicht abkühlen lassen und das Fruchtfleisch mit einem Esslöffel aus der Schale kratzen. Das Kürbisfruchtfleisch mit 50 ml Brühe und Nussbutter mit dem Pürierstab oder im Mixer fein pürieren und mit Salz, Pfeffer und Muskatnuss abschmecken. Falls das Püree zu fest ist, noch etwas Brühe zugeben.

3 **Für die Bruschetta** die Ciabattascheiben in einer Pfanne bei mittlerer Hitze im Olivenöl portionsweise von beiden Seiten knusprig und hellbraun braten. Die Knoblauchzehe halbieren und die Röstbrote damit einreiben. Den Scamorza klein würfeln.

4 **Das Kürbispüree** auf die Bruschetta streichen und die Kürbis- und Scamorzawürfel darauf verteilen. Die Bruschetta vor dem Servieren mit Pfeffer aus der Mühle würzen.

GUT VORBEREITET

Die marinierten Kürbiswürfel lassen sich gut im Voraus einlegen. Sie können auch gleich eine größere Menge davon zubereiten, denn das würzige süß-saure Gemüse schmeckt auch in Salaten und als Beilage zu Brot und Käse.

Zubereitung: ca. 45 Min.
Marinieren: mind. 12 Std.
Backen: 40 Min.
Für 4–6 Personen

FÜR DIE MARINIERTEN KÜRBISWÜRFEL

200 g Muskatkürbis (geputzt und geschält gewogen)
150 g Zucker
1 TL Senfsaat | 1 TL Pimentkörner
3 Lorbeerblätter | 1 Nelke
1 Kardamomkapsel
2 Stück langer Pfeffer (Stangenpfeffer)
200 ml Weißweinessig

FÜR DAS KÜRBISPÜREE

je 250 g Muskatkürbis und Hokkaidokürbis (geputzt gewogen)
50 g Butter
50–100 ml Hühnerbrühe
frisch geriebene Muskatnuss

FÜR DIE BRUSCHETTA

12 Scheiben Ciabatta
4 EL Olivenöl | 1 Knoblauchzehe
120 g geräucherter Scamorza

AUSSERDEM

Meersalz | schwarzer Pfeffer

69

TOMATENMUFFINS
mit Taggiasca-Oliven

Wer hat gesagt, dass Muffins immer süß daherkommen müssen?
Diese herzhaften kleinen Küchlein lassen sich bestens als Mittagssnack einpacken und mitnehmen.

1 Den Backofen auf 200 °C vorheizen. Zehn Mulden eines Muffinblechs (oder zehn Einzelförmchen) einfetten.

2 Die getrockneten Tomaten abtropfen lassen und in feine Streifen, die Oliven in Ringe schneiden. Thymian und Rosmarin waschen, trocken schütteln, die Blättchen bzw. Nadeln abzupfen und fein schneiden.

3 Eier, Buttermilch und Olivenöl mit den Quirlen des Handrührgeräts gründlich verrühren. In einer zweiten Schüssel Mehl und Backpulver vermischen, auf die Eiermischung sieben und gründlich verrühren.

4 Parmesan, Tomatenstreifen, Olivenringe und gehackte Kräuter unterheben und den Teig mit Salz und Pfeffer abschmecken. Den Teig auf die Mulden des Muffinblechs oder die Förmchen verteilen. Die Kirschtomaten waschen, halbieren und jeweils zwei Hälften auf einen Muffin setzen.

5 Die Muffins im Backofen (Mitte) in 20 Min. goldbraun backen.

BESONDERS TOMATIG

Wer es noch saftiger mag, kann 1 EL rotes Pesto unter den Teig heben. Lauwarm schmecken die Muffins am besten.

Zubereitung: ca. 15 Min.
Backen: 20 Min.
Für 10 Muffins

10 getrocknete Tomaten in Öl
1 EL entsteinte Taggiasca-Oliven
   in Öl (ersatzweise schwarze
   Oliven)
2 Zweige Thymian
2 Zweige Rosmarin
3 Eier (Größe M)
90 ml Buttermilch
90 ml Olivenöl
125 g Weizenmehl (Type 405)
½ Päckchen Backpulver
100 g frisch geriebener Parmesan
Meersalz | schwarzer Pfeffer
10 Kirschtomaten

AUSSERDEM

1 Muffinblech (12 Mulden) oder
   10 einzelne Muffinförmchen
Fett für das Blech bzw.
   die Formen

RÜHREI-WRAP
mit Jalapeños und Avocado

Lauter Lieblingszutaten kombinieren, aufrollen, reinbeißen: Wraps haben nicht nur einen höheren Spaßfaktor als die gute alte Stulle, sondern bieten in ihrem Innern auch noch ganz viel Platz für gesundes Gemüse. Diese hier punkten mit Avocado, Tomate und einem belebenden Chili-Kick.

1 **Für die Tortillafladen** alle trockenen Zutaten mit ½ TL Salz in einer Schüssel vermischen. Das Öl und 120 ml Wasser hinzugeben und alles mit den Knethaken des Handrührgeräts ca. 2 Min. zu einem glatten, geschmeidigen Teig verrühren. Den Teig in sechs Portionen teilen und jede auf der bemehlten Arbeitsfläche zu einem dünnen Fladen (ca. 10 cm Ø) ausrollen.

2 **Eine beschichtete Pfanne** erhitzen und die Teigfladen darin nacheinander bei starker Hitze 40–60 Sek. pro Seite anbraten. Sie sollen kleine braune Flecken bekommen, aber immer noch weich sein. Die Fladen bis zur Verwendung in ein feuchtes Küchentuch wickeln, damit sie weich bleiben.

3 **Für die Füllung** die Tomaten waschen, halbieren und ohne Stielansatz in feine Würfel schneiden. Die Schalotte schälen und ebenfalls fein würfeln. Die Limettenhälfte auspressen und den Saft mit Tomaten und Schalotte mischen. Die Salsa mit Tabasco, Salz und Pfeffer abschmecken.

4 **Die Avocado** halbieren, entkernen, schälen und in dünne Spalten schneiden. Den Koriander waschen, trocken schütteln und die Blättchen abzupfen. Die Hälfte der Blättchen fein schneiden. Die Eier in einer Schüssel aufschlagen und mit dem geschnittenen Koriander, Salz und Pfeffer verrühren. In einer Pfanne die Butter erhitzen, die Eimasse hineingießen. Sobald sie zu stocken beginnt, das Ei unter Rühren weiterbraten, bis es vollständig gestockt, aber nicht zu trocken ist.

5 **Die Tortillafladen** mit je 1 EL Schmand bestreichen. Salsa, Rührei, Jalapeños, Avocadoscheiben und restliche Korianderblätter darauf verteilen. Die Wraps mit Tabasco, Salz und Pfeffer würzen und die Fladen aufrollen.

SO GEHT'S SCHNELLER

Sie können die Wraps natürlich auch mit gekauften Weizentortillas (im gut sortierten Supermarkt) zubereiten. Aber das Selbermachen dauert gar nicht so lange, und Sie wissen dann, was in den Fladen drin ist!

Zubereitung: ca. 40 Min.
Für 6 Personen

FÜR DIE TORTILLAFLADEN
180 g Weizenmehl (Type 405)
½ TL Backpulver
40 ml Olivenöl

FÜR DIE FÜLLUNG
200 g Tomaten
1 Schalotte
½ Limette
1 Spritzer Tabascosauce
1 Avocado
1 Bund Koriandergrün
6 Eier (Größe M)
1 TL Butter
6 EL Schmand
50 g eingelegte Jalapeños
   in Ringen (Glas, gut sortierter
   Supermarkt oder Internetversand)

AUSSERDEM
Meersalz | schwarzer Pfeffer
Weizenmehl zum Verarbeiten

ZUCCHINI-PANINO
mit halb getrockneten Kirschtomaten

Knackige Zucchinistreifen sorgen für Biss zwischen den Brothälften, und die halb getrockneten Kirschtomaten bringen eine süßlich-frische Note ins Spiel. Schöner kann die Mittagspause gar nicht ausfallen!

1 Das Brot in vier Teile schneiden und jedes waagerecht halbieren. Die Brotstücke mit der Schnittfläche nach oben auf einem Backblech verteilen und im Backofen (oben) unter dem Backofengrill rösten, bis die Ränder hellbraun werden. Vorsicht: Das Brot verbrennt schnell! Das Blech herausnehmen und die Brote etwas abkühlen lassen.

2 Die Zucchini waschen, putzen, längs in dünne Streifen hobeln und in einer Schüssel mit Salz, Pfeffer, Zitronensaft und Olivenöl abschmecken. Die Basilikumblätter waschen und trocken tupfen.

3 Die zwei Senfsorten miteinander verrühren und die Brote auf den Schnittflächen dünn damit bestreichen. Die unteren Brothälften mit jeweils 3–4 Zucchinistreifen und 2 Basilikumblättern belegen, darauf je 1 Scheibe Putenbrust und Fontinakäse geben.

4 Darauf wieder 3–4 Zucchinistreifen, Kirschtomaten und restliche Basilikumblätter legen. Die oberen Brothälften daraufsetzen und die Panini möglichst sofort servieren.

Zubereitung: ca. 15 Min.

1 Vollkornciabatta oder -baguette
2 kleine Zucchini
Meersalz | schwarzer Pfeffer
Saft von 1 Zitrone
2 EL bestes Olivenöl
16 Basilikumblätter
2 EL süßer Senf
2 EL Dijonsenf
4 Scheiben geräucherte
   Putenbrust
4 Scheiben Fontinakäse
8 halb getrocknete Kirschtomaten (gut sortiert Supermarkt oder selbst gemacht,
   siehe Tipp)

HALB GETROCKNETE KIRSCHTOMATEN

Besonders fruchtig-aromatisch werden die Panini, wenn Sie darin halb getrocknete Kirschtomaten verwenden. Die sind ganz einfach herzustellen: Den Backofen auf 100 °C Umluft (vorzugsweise, zur Not 120 °C Ober-/Unterhitze) vorheizen. 500 g Kirschtomaten waschen, halbieren und mit den Schnittflächen nach oben auf ein Blech mit Backpapier setzen. 2–3 Knoblauchzehen schälen und in feine Scheiben schneiden. Je 1 Zweig Thymian und Rosmarin und 1 Stängel Basilikum waschen, trocken tupfen und die Blättchen bzw. Nadeln fein schneiden. 1 Bio-Zitrone heiß waschen, trocknen, die Schale abreiben und mit Kräutern und Knoblauch über die Tomaten streuen. Alles mit 4 EL Olivenöl beträufeln, mit Fleur de Sel, Pfeffer aus der Mühle und 1 EL Puderzucker würzen. Die Kirschtomaten im Ofen ca. 5 Std. trocknen lassen. Sie können die Tomaten in einem Schraubglas mit Olivenöl bedecken und im Kühlschrank ca. 2 Wochen aufbewahren.

ERDBEER-TOMATEN-GAZPACHO
mit Minzöl und Granatapfel

Mit Beeren, Ingwer und Minze zeigt sich die klassische spanische Sommersuppe in ganz neuem Licht. Ein Gewinn ist das nicht nur in puncto Aroma: Beeren und Granatapfel steuern außerdem reichlich gesunde Antioxidantien bei.

1 **Für das Minzöl** in einem kleinen Topf Salzwasser aufkochen und eine Schüssel mit Eiswasser bereitstellen. Die Minze waschen und trocken schütteln. Die Minzblätter von den Stängeln zupfen und im kochenden Wasser ca. 10 Sek. blanchieren, in Eiswasser abschrecken und gut mit Küchenpapier trocken tupfen.

2 **Die Minzblätter** mit dem Traubenöl pürieren, mind. 1 Std. ziehen lassen und danach durch ein feines Sieb gießen. Die festen Rückstände wegwerfen.

3 **Für die Gazpacho** die Himbeeren verlesen. Die Erdbeeren waschen und entkelchen. Die Tomaten waschen, vierteln und die Stielansätze entfernen. Die Paprikaschoten vierteln, Stiel, Samen und Scheidewände entfernen und die Schoten waschen. Die Gurke waschen und putzen. Den Apfel waschen, vierteln und das Kerngehäuse entfernen. Den Ingwer schälen. Die Kerne aus dem Granatapfel auslösen.

4 **Beeren,** Tomaten, Paprika, Gurke, Apfel, Ingwer und die Hälfte der Granatapfelkerne mit dem Crushed Ice in einen leistungsstarken Mixer geben und fein pürieren. Die übrigen Granatapfelkerne unterrühren. Die Gazpacho in zwei Gläser (à 300 ml Fassungsvermögen) füllen und mit dem Minzöl beträufeln.

SOMMERLICHE MITTAGSPAUSE

Diese Suppe lässt sich auch sehr gut in einem fest verschlossenen Glas mit ins Büro nehmen – Hauptsache, es gibt dort einen Kühlschrank, in den Sie das Glas bis zur Mittagspause stellen können. Rühren Sie in dem Fall das Minzöl einfach gleich unter die Suppe.

Zubereitung: ca. 15 Min.
Ziehen: 1 Std.
Für 2 Personen

FÜR DAS MINZÖL
Meersalz
10 Stängel Minze
250 ml Traubenkernöl

FÜR DIE GAZPACHO
200 g Himbeeren
200 g Erdbeeren
200 g aromatische Tomaten
1 rote Paprikaschote
1 Mini-Gurke
1 Apfel
20 g frischer Ingwer
1 Granatapfel
200 g Crushed Ice

SELLERIE-APFEL-SÜPPCHEN
mit Mandeln und Pumpernickel

Hier darf Sellerie einmal im Rampenlicht stehen: Sonst eher unscheinbarer Teamplayer im Suppengrün-Bund, zeigt die rustikale Knolle in diesem Süppchen ihre Solostar-Qualitäten.

1 **Den Sellerie** putzen, schälen und würfeln. 1 Apfel schälen und ohne Kerngehäuse ebenfalls in Würfel schneiden. Die Schalotten schälen und fein würfeln. Die Butter in einem Topf aufschäumen lassen, Schalotten, Apfel- und Selleriewürfel dazugeben, salzen und bei mittlerer Hitze glasig anschwitzen. Alles mit Brühe, Milch und Sahne ablöschen, aufkochen und ca. 30 Min. bei schwacher Hitze köcheln lassen.

2 **Inzwischen** den Pumpernickel im Mixer fein zerbröseln. Die Mandeln grob hacken. Den Schnittlauch waschen, trocken schütteln und in feine Röllchen schneiden. Eine Pfanne erhitzen, die Pumpernickelbrösel und die gehackten Mandeln darin knusprig rösten. Die Mischung in eine Schüssel geben und abkühlen lassen. Die Schnittlauchröllchen zugeben und die Mischung mit Fleur de Sel und Pfeffer würzen.

3 **Sobald** Sellerie und Apfel weich sind, die Suppe pürieren und mit Salz, Pfeffer und Muskatnuss abschmecken. Den zweiten Apfel waschen, mit Schale ohne Kerngehäuse in feine Würfel schneiden und mit dem Zitronensaft marinieren.

4 **Die Selleriesuppe** mit dem Pürierstab aufschäumen und in tiefen Tellern anrichten. Jeweils 1 EL Apfelwürfel in die Suppe geben und die Pumpernickel-Mandel-Brösel darüberstreuen.

AROMA-EXTRA: ARGANÖL

Träufeln Sie zum Schluss doch einen Teelöffel Arganöl über jede Portion! Der wunderbar nussige Geschmack des Öls, das in Marokko aus einer Baumfrucht gewonnen wird, passt perfekt zu diesem Gericht.

Zubereitung: ca. 40 Min.

1 kleiner Knollensellerie
2 säuerliche Äpfel
(z. B. Braeburn)
4 Schalotten
2 EL Butter
Meersalz
500 ml Gemüse- oder
Hühnerbrühe
300 ml Milch
150 ml Sahne
2 Scheiben Pumpernickel
80 g Mandeln
½ Bund Schnittlauch
Meersalz | schwarzer Pfeffer
Fleur de Sel
frisch geriebene Muskatnuss
1 TL Zitronensaft

KÜRBIS-
LINSEN-SUPPE
mit Curry

*Der perfekte Beweis dafür, dass Hülsenfrüchte viel mehr können als einfach
nur Hausmannskost: In dieser indisch gewürzten Suppe zeigen sich die Linsen gleichzeitig
erdig und süßlich, bodenständig und exotisch.*

1 Schalotten und Knoblauch schälen und fein würfeln. Den Kürbis ebenfalls sehr fein würfeln. Den Thymian waschen und trocken schütteln. Die Linsen abspülen.

2 Schalotten- und Knoblauchwürfel in einem Topf im Olivenöl bei mittlerer Temperatur glasig anschwitzen. Kürbis und Gewürzmischung hinzugeben und kurz mitschwitzen.

3 Linsen, Thymianzweige und Lorbeerblatt dazugeben. Alles mit Brühe ablöschen und aufkochen. Danach die Hitze reduzieren und die Suppe bei schwacher Hitze 20–25 Min. köcheln lassen, bis die Linsen bissfest sind.

4 Inzwischen den Koriander waschen, trocken schütteln, die Blättchen abzupfen und nach Belieben fein schneiden. Aus der Suppe Thymian und Lorbeerblatt entfernen und die Suppe mit Salz und Pfeffer abschmecken.

5 Die Suppe auf vier vorgewärmte Teller verteilen und mit den Korianderblättchen bestreuen.

Zubereitung: ca. 30 Min.

4 Schalotten
2 Knoblauchzehen
400 g Hokaidokürbis
   (geputzt gewogen)
2 Zweige Thymian
150 g Berglinsen
2 EL Olivenöl
1 TL Gewürzmischung
   »Curryliebe Anapurna«
   (siehe Tipp)
1 Lorbeerblatt
ca. 1 l Hühnerbrühe
4 Stängel Koriandergrün
Meersalz | schwarzer Pfeffer

DAZU: CURRY-FETA

Noch raffinierter wird die Suppe mit würzigem Curry-Feta: Dazu
1 EL Olivenöl mit 1 TL Gewürzmischung »Curryliebe Anapurna« (siehe
unten) mischen. 100 g Schafskäse (Feta) würfeln und mit dem Curryöl
mischen. Die Fetawürfel zum Servieren über die Suppe streuen.

BESONDERE WÜRZE

Meine persönlichen Gewürzmischungen »Curryliebe Anapurna«
und »Curryliebe Kashmir« können Sie übers Internet bestellen. Sie
können sie aber auch durch Ihre Lieblingscurrymischung ersetzen.

CORNELIA POLETTOS LIEBLINGSPRODUKTE

KARTOFFELN

Erst litten die guten alten Knollen jahrelang unter der lieblosen Behandlung in Großküchen, wo sie als übergarter, blässlicher Matsch auf den Tellern landeten. Und dann wurden sie auch noch von Low-Carb-Jüngern als schädliche Kohlenhydrate verteufelt. Das haben sie nicht verdient! Ich liebe Kartoffeln und finde, dass kaum Gemüse vielseitiger ist, wenn man ein bisschen über Salzkartoffeln hinausdenkt. Bei mir gibt es sie in immer neuen Variationen: als Gnocchi und in Eintöpfen, cremig püriert und knusprig gebacken, ja, sogar als Begleiter zu Pasta wie bei meinen Apfelfagottini (siehe S. 152). Selbst dem Kartoffelsalat kann man neue, leichte Seiten abgewinnen, wenn man ihn nicht mit fetter Mayonnaise anmacht, sondern zum Beispiel mit einer kräuterfrischen Salsa verde.

Denn was Kartoffeln den schlechten Ruf als Dickmacher eingetragen hat, ist nicht ihr Stärkegehalt, sondern die üppigen Bratensaucen, die sie oft begleiten. Die Kohlenhydrate selbst sind solche von der komplexen Sorte, die der Körper nur langsam verdaut. Das heißt, dass die Knollen bei relativ geringem Kaloriengehalt sogar ziemlich lange satt und zufrieden machen. Außerdem punkten sie mit sehr hochwertigem Eiweiß und reichlich B- und C-Vitaminen.

Natürlich profitiert man von diesen Eigenschaften nicht unbedingt, wenn man Kartoffeln in Form eines Riesentellers Pommes frites isst. Zum Glück schmeckt eine gute Kartoffel auch pur mit etwas gutem Salz oder ein bisschen Kräuterquark. Ich persönlich mag die französische Sorte La Ratte sehr gerne, weil sie so aromatisch ist. Aber probieren Sie sich einfach mal durch verschiedene Sorten, um Ihre Lieblingsknollen zu finden!

HÜLSENFRÜCHTE

Obwohl Linsen, Bohnen und Erbsen gerade ein großes Revival erleben, blättern viele Leute immer noch gleich weiter, wenn sie lesen: »Die Hülsenfrüchte 8 Stunden in kaltem Wasser einweichen.« Das ist schade! Denn zum einen kommen Linsen beispielsweise ganz ohne Einweichen aus und sind trotzdem schnell gar. Und zum anderen eröffnen die vielen verschiedenen Sorten Hülsenfrüchte eine Menge Möglichkeiten. Ich verwende sie im Ganzen für deftige Eintöpfe, aber auch püriert für edle Vorspeisen; mal mache ich sie raffiniert gewürzt zur Hauptsache, mal serviere ich sie ganz pur als Beilage.

Das Schöne ist, dass Hülsenfrüchte problemlos für sich allein stehen können. Ein Püree aus weißen Bohnen oder ein Linsensalat schmeckt schon mit ein paar Kräutern, Gewürzen und vielleicht einem Hauch Knoblauch toll. Für eine einfache, aber köstliche Mahlzeit braucht man daher nicht viele andere Zutaten. Das und ihre lange Lagerdauer macht Hülsenfrüchte zu idealen Lebensmitteln für den Vorrat – für die superschnelle Spontanküche dürfen es auch solche in Dosen sein. Die bessere Konsistenz und den feineren Geschmack hat allerdings getrocknete Ware, die (falls nötig) eingeweicht und frisch gekocht wird.

Und über die gesundheitlichen Vorzüge müssen wir gar nicht erst reden. Oder doch? Na gut: Mit ihrem hohen Anteil an Ballaststoffen machen Hülsenfrüchte sehr lange satt. Sie enthalten relativ viel Eiweiß – kein Wunder, dass Vegetarier und Veganer zu den größten Hülsenfrüchteliebhabern gehören! Aber keineswegs zu den einzigen. Wer jedenfalls bisher im Kochbuch immer weitergeblättert hat, kann ja mal mit meinem Mangold-Linsen-Salat (siehe S. 98) anfangen. Es lohnt sich!

WALDPILZ-KARTOFFEL-SUPPE
mit Knusperkräutern

1 Die getrockneten Steinpilze ca. 1 Std. in kaltem Wasser einweichen.

2 Inzwischen die Waldpilze möglichst nicht waschen, sondern nur mit einem feuchten Tuch oder einer Pilzbürste abreiben und putzen. Die Stiele abschneiden und beiseitestellen, die Hüte je nach Größe halbieren oder vierteln. Schalotten und Knoblauch schälen und in feine Würfel schneiden. Die eingeweichten Pilze in ein Sieb abgießen. Das Einweichwasser auffangen.

3 2 EL Olivenöl in einem Topf erhitzen, jeweils die Hälfte der Schalotten- und der Knoblauchwürfel darin bei mittlerer Hitze glasig andünsten. Thymianzweige waschen und mit Pilzstielen, eingeweichten Steinpilzen und Paprikapulver zur Schalotten-Knoblauch-Mischung geben. Alles 5 Min. bei schwacher Hitze dünsten. Gemüsebrühe und Pilzeinweichwasser dazugießen und alles aufkochen. Die Hitze reduzieren und den Steinpilzfond 30 Min. bei schwacher Hitze köcheln lassen.

4 In der Zwischenzeit die Kartoffeln schälen und in Würfel schneiden. Die Kräuter waschen und gut trocken schütteln. Rosmarinnadeln, Salbeiblätter und die Blätter von 2 Petersilienstängeln abzupfen und in einem Topf mit den übrigen 4 EL Olivenöl nacheinander in jeweils 2–4 Min. knusprig braten. Die Kräuter mit eine Schaumkelle herausnehmen, auf Küchenpapier abtropfen lassen und leicht salzen.

5 Den Steinpilzfond durch ein feines Sieb gießen, feste Rückstände wegwerfen, den Fond wieder in einen Topf geben und auf ca. 500 ml einkochen lassen. Den Kümmel grob mörsern.

6 Die restlichen Schalotten- und Knoblauchwürfel in dem Topf mit dem Kräuteröl glasig anschwitzen. Kartoffelwürfel und Kümmel zugeben und in ca. 10 Min. bei mittlerer Hitze goldgelb anbraten. Die Pilzhüte zufügen und kurz mit anschwitzen. Den Weißwein dazugießen und einkochen lassen. Den vorbereiteten Steinpilzfond angießen, alles aufkochen, die Hitze reduzieren und die Suppe 10 Min. bei schwacher Hitze köcheln lassen.

7 Inzwischen die Blättchen von den übrigen Petersilienstängeln abzupfen und mit dem Schnittlauch fein schneiden. Die Kräuter in den Topf geben, die Suppe mit Salz und Pfeffer abschmecken und auf vier Tellern anrichten. Jeweils 1 TL Crème fraîche daraufgeben und die Suppe mit den frittierten Kräutern garnieren.

Zubereitung: ca. 45 Min.
Einweichen: 1 Std.

20 g getrocknete Steinpilze
600 g gemischte Waldpilze
 (z. B. Pfifferlinge, Steinpilze, Maronen)
4 Schalotten
2 Knoblauchzehen
6 EL bestes Olivenöl
4 Zweige Thymian
1 TL edelsüßes Paprikapulver
1 l Gemüsebrühe
600 g festkochende Kartoffeln
2 Zweige Rosmarin
2 Zweige Salbei
½ Bund glatte Petersilie
½ Bund Schnittlauch
Meersalz
1 Msp. Kümmelsamen
50 ml Weißwein
Pfeffer aus der Mühle
4 TL Crème fraîche

BOHNENEINTOPF
mit Lamm und Rosmarin

Dieser Eintopf entführt mit den würzigen Kräutern, mit Tomaten und Oliven geradewegs ans Mittelmeer. Er gehört zu meinen absoluten Lieblingsgerichten und lässt sich wunderbar vorbereiten.

1 Die Cannellinibohnen abspülen und abtropfen lassen. 2 Rosmarinzweige waschen. 2 Knoblauchzehen ungeschält leicht andrücken. Die Schalotte schälen und das Lorbeerblatt mit der Nelke daran feststecken. Die Bohnen mit Rosmarinzweigen, Knoblauch, Schalotte und Olivenöl in einen Topf geben, mit kaltem Wasser bedecken und ca. 5 Std. einweichen lassen.

2 Danach den Topfinhalt zum Kochen bringen und die Bohnen bei schwacher Hitze in ca. 30 Min. bissfest garen. Die Bohnen im Sud auskühlen lassen, salzen und in ein Sieb abgießen, dabei die Flüssigkeit auffangen.

3 Für den Eintopf die Zwiebeln schälen, halbieren und längs in Scheiben schneiden. Die übrigen 4 Knoblauchzehen schälen und in Scheiben schneiden. Die übrigen 4 Rosmarinzweige waschen und trocken schütteln.

4 Die Lammwürfel trocken tupfen, leicht salzen und in einem Bräter im Butterschmalz von allen Seiten ca. 10 Min. scharf anbraten. Das Fleisch pfeffern und aus dem Bräter nehmen. Zwiebeln und Knoblauch mit den Rosmarinzweigen im selben Bräter glasig anschwitzen. Die Mischung mit dem Weißwein ablöschen und diesen fast vollständig einkochen lassen.

5 Die Dosentomaten klein schneiden, dabei den Stielansatz entfernen. Tomatenwürfel mit Lammfond und Bohnenkochwasser dazugeben. Alles aufkochen. Oliven und Lammwürfel dazugeben und den Eintopf bei mittlerer Hitze 1–1,5 Std. zugedeckt köcheln lassen, bis das Fleisch mürbe und die Flüssigkeit dickflüssig eingekocht ist. Zwischendurch gelegentlich umrühren.

6 In der Zwischenzeit grüne Bohnen und Schneidebohnen waschen, putzen und in mundgerechte Stücke schneiden. Die Bohnen 3–5 Min. in kochendem Salzwasser blanchieren und eiskalt abschrecken. Die Kirschtomaten waschen und vierteln. Das Bohnenkraut waschen, trocken schütteln und fein schneiden. Blanchierte Bohnen, abgetropfte Cannellinibohnen und Kirschtomaten in den Bräter geben, alles noch einmal erwärmen und den Eintopf mit Salz und Pfeffer abschmecken.

Zubereitung: ca. 2 Std.
Einweichen: 5 Std.
Für 8 Personen

250 g getrocknete Cannellini-
  Bohnen
6 Zweige Rosmarin
6 Knoblauchzehen
1 Schalotte
1 Lorbeerblatt | 1 Nelke
2 EL bestes Olivenöl
Meersalz
4 rote Zwiebeln
2 kg Lammkeule ohne Knochen,
  vom Metzger gewürfelt
2 EL Butterschmalz
Pfeffer aus der Mühle
100 ml Weißwein
800 g geschälte Tomaten (Dose)
300 ml Lammfond
100 g entsteinte Taggiasca-
  Oliven in Öl (ersatzweise
  schwarze Oliven)
400 g grüne Bohnen
400 g breite Schneidebohnen
500 g aromatische Kirsch-
  tomaten
1 Bund Bohnenkraut

KARTOFFEL-KURKUMA-EINTOPF
mit Kokosmilch

1 Ingwer, Kurkuma, Schalotten und Knoblauch schälen und fein würfeln (dabei Einmalhandschuhe tragen, denn die Kurkuma färbt sehr stark). Kartoffeln und Süßkartoffeln schälen und in ca. 2 cm große Würfel schneiden.

2 Das Olivenöl in einem Topf erhitzen. Ingwer, Kurkuma, Schalotten und Knoblauch darin bei mittlerer Hitze glasig anschwitzen. Kartoffel- und Süßkartoffelwürfel zugeben und unter Rühren von allen Seiten 5 Min. anbraten, sodass sie leicht Farbe bekommen. Chilischote und Salz zufügen, Gemüsebrühe und Kokosmilch angießen, alles aufkochen und 15 Min. bei schwacher Hitze köcheln lassen.

3 In der Zwischenzeit die Paprika halbieren, Stiel, Samen und Scheidewände entfernen, die Schoten mit einem scharfen Sparschäler schälen und in feine Streifen schneiden. Die Maiskörner von den Kolben schneiden. Den Koriander waschen, trocken schütteln und die Blätter abzupfen. Die Zuckerschoten waschen, putzen, schräg halbieren, in kochendem Salzwasser in 3–4 Min. bissfest garen, in Eiswasser abschrecken und abtropfen lassen.

4 5 Min. vor Ende der Garzeit die Paprikastreifen und Maiskörner zu den Kartoffeln geben. Zuletzt die vorbereiteten Zuckerschoten zugeben. Die Chilischote entfernen, den Eintopf mit Salz und Pfeffer abschmecken und mit den Korianderblättern bestreuen.

Zubereitung: ca. 30 Min.

60 g frischer Ingwer

1 kleines Stück frische Kurkuma (siehe Tipp)

4 Schalotten

1 Knoblauchzehe

500 g festkochende Kartoffeln

500 g Süßkartoffeln

2 EL Olivenöl

1 getrocknete Chilischote

Meersalz │ 400 ml Gemüsebrühe

800 ml Kokosmilch (Dose)

2 rote Paprikaschoten

2 frische Maiskolben

1 Bund Koriandergrün

250 g Zuckerschoten

Pfeffer aus der Mühle

GESUNDES GELB

Kurkuma war bei uns lange nur als Pulver bekannt. Das hat sich schlagartig geändert, seit das Gewürz Schlagzeilen als angeblicher Krebshemmer und Anti-Alzheimer-Wundermittel macht. Nun gibt es die Gelbwurz immer häufiger auch frisch: im Asienladen, beim Gemüsehändler und in Bio-Supermärkten. Sie erinnert äußerlich an eine Mini-Ausgabe von Ingwer – kein Wunder, denn die beiden sind verwandt. Das schmeckt man sogar ein bisschen, auch wenn Kurkuma eher eine erdige Note hat. Weil sie so schön knallgelb ist, nutzt man sie gern als Farbgeber. Und was ist nun dran am Gesundheitshype? Sicher ist, dass der Farbstoff Curcumin entzündungshemmend wirkt und stark antioxidative Eigenschaften besitzt. Gesund ist Kurkuma also auf jeden Fall! Wenn Sie keine frische finden, können Sie für dieses Rezept ersatzweise 1 gestrichenen TL gemahlene Kurkuma verwenden.

WURZELGEMÜSE-SALAT
mit Orangen und Pinienkernen

1 Für die Orangenmarinade Orangensaft und Zitronensaft in einem Topf bei starker Hitze auf ca. 150 ml sirupartig einkochen. Die Mischung abkühlen lassen. Alle Ölsorten und den Aceto balsamico bianco unterrühren. Die Marinade mit Salz und Pfeffer abschmecken.

2 Den Backofen auf 200 °C vorheizen. Ein Backblech mit grobem Salz bedecken. Für den Salat Rote Beten, Petersilienwurzeln, Möhren und Topinambur waschen und mit den ungeschälten Schalotten auf dem Salz verteilen. Das Gemüse im Ofen (Mitte) in 30–40 Min. weich garen, dabei immer wieder mit der Messerspitze testen und fertige Gemüsesorten herausnehmen.

3 Das Gemüse schälen, in mundgerechte Stücke schneiden und abgedeckt warm halten.

4 Die Orangen und die Grapefruit mit einem scharfen Messer bis ins Fruchtfleisch hinein schälen und in Scheiben schneiden. Kürbis- und Pinienkerne in einer Pfanne ohne Fett anrösten, bis sie duften. Die Salate waschen, putzen, trocken schleudern und mit etwas von der Orangenmarinade mischen.

5 Das Wurzelgemüse mit den Orangen- und Grapefruitscheiben und der übrigen Orangenmarinade mischen und mit Salz und Pfeffer abschmecken. Das Gemüse auf einem großen Teller oder auf einer Platte anrichten, die Blattsalate darum herum drapieren und alles mit den Kürbis- und Pinienkernen bestreuen.

Zubereitung: ca. 30 Min.
Backen: 1 Std.
Für 6 Personen

FÜR DIE ORANGENMARINADE
400 ml Orangensaft
Saft von 1 Zitrone
100 ml Traubenkernöl
4 EL Orangenöl (ersatzweise
  4 EL Traubenkernöl mit 1 TL
  abgeriebener Schale von 1 Bio-
  Orange)
2 EL Kürbiskernöl
2 EL Aceto balsamico bianco

FÜR DEN SALAT
200 g Rote Bete
200 g Petersilienwurzeln
200 g Lila Luder (lila Möhren;
  ersatzweise Bundmöhren)
200 g Topinamburknollen
6 Schalotten

AUSSERDEM
Meersalz | schwarzer Pfeffer
reichlich grobes Meersalz
2 Orangen
1 rosa Grapefruit
2 EL Kürbiskerne
2 EL Pinienkerne
1 Handvoll Feldsalat
1 kleiner Friséesalat

KARTOFFEL-BOHNEN-SALAT
mit Kürbiskernöl

*Das Spiel der Gegensätze macht den Reiz dieses Salates aus:
Die knackigen Bohnen, die winzigen, glatten Senfkörner und die festen Kartoffelscheiben
sorgen mit jedem Bissen für ein spannendes Mundgefühl.*

1 **Die Kartoffeln** ungeschält in wenig Wasser in 10–15 Min. gar kochen, abgießen und abkühlen lassen.

2 **Die Schalotten** schälen, fein würfeln und in 2 EL Olivenöl anschwitzen. Die Senfkörner abspülen und mit den Ingwerscheiben dazugeben. Mit Weißwein, Apfelsaft und Himbeeressig ablöschen und ca. 15 Min. bei schwacher Hitze köcheln lassen.

3 **Die Senfkörner** in ein Sieb abgießen, dabei den Sud auffangen. Die Ingwerscheiben entfernen. Den Sud abkühlen lassen, mit 50 ml Olivenöl verquirlen und mit Salz und Pfeffer abschmecken. Die Kartoffeln pellen, in Scheiben schneiden, mit dem Senf-Apfel-Sud übergießen und mind. 30 Min. ziehen lassen.

4 **Inzwischen** die Bohnen waschen und putzen. In einem Topf Salzwasser aufkochen. Eine Schüssel mit Eiswasser bereitstellen. Die Bohnen im kochenden Salzwasser 5 Min. blanchieren, in Eiswasser abschrecken und in mundgerechte Stücke schneiden.

5 **Den Apfel** waschen, vierteln und ohne Kerngehäuse ungeschält in feine Streifen schneiden. Die Streifen sofort mit dem Limettensaft mischen. Die Kräuter waschen, trocken schütteln, den Schnittlauch in Röllchen schneiden, die Dillspitzen abzupfen und fein schneiden.

6 **Blanchierte Bohnen,** Apfelstreifen und Kräuter zu den Kartoffeln geben. Den Meerrettich schälen und frisch dazu reiben (Menge je nach gewünschter Schärfe). Alles unterheben und mit Limettensaft, Kürbiskernöl sowie Salz und Pfeffer abschmecken.

Zubereitung: ca. 30 Min.
Marinieren: 30 Min.

500 g kleine festkochende Kartoffeln (z. B. Bamberger Hörnchen)
2 Schalotten
2 EL + 50 ml bestes Olivenöl
2 EL gelbe Senfkörner
5 Scheiben frischer Ingwer
100 ml Weißwein
100 ml Apfelsaft
50 ml Himbeeressig
Meersalz | schwarzer Pfeffer
200 g grüne Bohnen
1 grüner Apfel
Saft von 1 Limette
½ Bund Schnittlauch
½ Bund Dill
1 Stück frischer Meerrettich
1 EL Kürbiskernöl

FEIN MIT FISCH

Zu diesem Salat passen hervorragend geräucherte Forelle oder geräucherter Lachs.

WINTERLICHER SALAT
mit Rehfilet und Wacholderdressing

1 **Für das Wacholderdressing** Ei, 1 TL Senf, 1 Prise Salz und 2 EL Essig in einen hohen Rührbecher geben und mit dem Pürierstab kurz aufschlagen. Nach und nach unter ständigem Weitermixen Raps- und Olivenöl zugießen. Die Brühe unterrühren und das Dressing mit Salz, Pfeffer und dem restlichen Weißweinessig abschmecken. Rosmarin- und Thymianzweige waschen und trocken schütteln. Die Wacholderbeeren im Mörser zerdrücken und mit den Kräuterzweigen zum Dressing geben. Das Wacholderdressing zugedeckt mind. 6 Std. (oder über Nacht) im Kühlschrank durchziehen lassen.

2 **Für den Salat** Möhren und Sellerie putzen und schälen. Den Lauch putzen, längs aufschneiden und waschen. Das Gemüse in dünne Streifen schneiden. Die Butter in einer Pfanne aufschäumen, Möhren und Sellerie darin in 4 Min. bissfest dünsten. Den Lauch zugeben und 2 Min. mitdünsten. Das Gemüse vom Herd nehmen.

3 **Die Salatblätter** verlesen, waschen, trocken schleudern und etwas zerzupfen. Die Pekannusskerne in einer Pfanne ohne Fett anrösten und herausnehmen. Beerenessig, den übrigen TL Senf und Nussöl zu einer Vinaigrette verquirlen und mit Salz, Pfeffer und Zucker abschmecken.

4 **Das Rehfilet** von eventuell vorhandenen Sehnen befreien und in ca. 1 cm dünne Scheiben schneiden. Die Scheiben zwischen zwei Lagen Frischhaltefolie flach klopfen und portionsweise in einer Pfanne im heißen Olivenöl ca. 1 Min. pro Seite anbraten. Das Fleisch mit Fleur de Sel und Pfeffer würzen.

5 **Die Vinaigrette** vorsichtig mit den Salatblättern mischen. Die Gemüsestreifen unterheben. Salat und Rehfilets auf Teller verteilen. Das Wacholderdressing durch ein Sieb gießen, mit dem Stabmixer schaumig aufschlagen und auf dem Salat verteilen. Alles mit den Pekannusskernen bestreuen.

Zubereitung: ca. 30 Min.
Durchziehen: 6 Std.

1 Ei (Größe M)
2 TL Dijonsenf
Meersalz
3 EL milder Weißweinessig
100 ml Rapsöl
50 ml bestes Olivenöl
100 ml Hühnerbrühe
schwarzer Pfeffer
1 Zweig Rosmarin
4 Zweige Thymian
1 TL Wacholderbeeren
2 Möhren
150 g Knollensellerie
1 kleine Stange Lauch
2 EL Butter
150 g gemischte Salatblätter
   (winterliche Sorten wie Radicchio, Feldsalat, Eichblattsalat)
50 g Pekannusskerne
2 EL Trockenbeerenauslese-Essig
   (ersatzweise Sherryessig)
5 EL Pekannussöl (ersatzweise
   Walnuss- oder Haselnussöl)
1 Prise Zucker
500 g Rehfilet
3 EL Olivenöl zum Braten
Fleur de Sel

»CAPRESE« VON AVO-CADO UND TOMATEN
mit Burrata

Hier habe ich den Klassiker Caprese neu interpretiert: Ich verwende dafür Burrata, eine Art Mozzarella mit sahnigem Inneren. Die Grillhitze kitzelt die süßlichen Aromen der Tomaten hervor, und die von mir so geschätzte Avocado steuert eine weitere Textur bei.

1 4 Tomaten waschen, horizontal in je drei dicke Scheiben schneiden und im Tiefkühlfach ca. 2 Std. anfrieren.

2 Die Avocados halbieren, entkernen und schälen. Jede Avocadohälfte längs in vier Scheiben schneiden. Die übrigen 2 Tomaten mit kochendem Wasser überbrühen, kalt abschrecken, häuten, vierteln und Stielansätze sowie Kerne entfernen. Das Fruchtfleisch in feine Würfel schneiden. Knoblauch und Schalotten schälen und ebenfalls fein würfeln. Die Kräuter waschen, trocken schütteln, die Blättchen von Basilikum, Koriander, Kerbel und Estragon abzupfen und fein schneiden. Den Schnittlauch in Röllchen schneiden.

3 2 EL Olivenöl in einer Pfanne erhitzen und Knoblauch- und Schalottenwürfel darin anschwitzen. Ahornsirup und Tomatenwürfel zugeben und bei mittlerer Hitze ca. 4 Min. mitschwitzen. 80 ml Olivenöl und die Kräuter dazugeben. Alles mit Balsamico, Zitronensaft, Salz, Pfeffer und Gewürzmischung »Tomatenzauber« abschmecken.

4 Eine Grillpfanne erhitzen, die gefrorenen Tomatenscheiben dünn mit Zucker bestreuen und von beiden Seiten scharf anbraten. Danach die Avocadoscheiben ebenso von beiden Seiten scharf anbraten.

5 Die gegrillten Tomaten- und Avocadoscheiben auf vier Tellern anrichten und mit der Tomaten-Kräuter-Vinaigrette beträufeln. Die Burrata halbieren, die Hälften auf Teller verteilen und mit Fleur de Sel, Pfeffer und den übrigen 4 EL Olivenöl würzen. Zuletzt mit den Basilikumspitzen dekorieren.

MEIN TOMATENGEWÜRZ

Meine persönliche Gewürzmischung »Tomatenzauber« können Sie über das Internet bestellen.

Zubereitung: ca. 20 Min.
Gefrieren: 2 Std.

6 aromatische, fleischige Tomaten (z. B. Vierländer Platte)
2 Avocados
1 Knoblauchzehe
2 Schalotten
je 4 Stängel Basilikum, Koriander, Kerbel, Estragon
½ Bund Schnittlauch
140 ml bestes Olivenöl
1 EL Ahornsirup
2 EL Aceto balsamico bianco
Saft von 2 Zitronen
Meersalz | schwarzer Pfeffer
1 Msp. Gewürzmischung »Tomatenzauber« (siehe Tipp)
1 EL Vollrohrzucker
Fleur de Sel zum Bestreuen
2 Kugeln Burrata (italienisches Feinkostgeschäft, ersatzweise Büffelmozzarella)
4 Basilikumspitzen

MANGOLD-LINSEN-SALAT
mit Kaninchen-Saltimbocca

In schützenden Schinken gehüllt und nur ganz kurz gebraten, bleibt auch das magere Kaninchenfleisch garantiert saftig: das i-Tüpfelchen auf diesem wunderbaren Salat mit seinen Kontrasten aus erdigen, süßsäuerlichen und bitteren Aromen.

1 **Für den Salat** die Linsen gründlich abspülen und mit der Brühe, 1 EL Olivenöl und den Safranfäden in einen Topf geben. Alles aufkochen, die Hitze reduzieren und die Linsen bei schwacher Hitze in ca. 20 Min. bissfest köcheln lassen.

2 **In der Zwischenzeit** Mangold und Löwenzahn putzen, waschen und in mundgerechte Stücke schneiden. In einer Pfanne den übrigen EL Olivenöl erhitzen, den Mangold darin 4–5 Min. bei mittlerer Hitze anbraten. Den Löwenzahn dazugeben und alles zusammen weitere 2 Min. braten, bis das Gemüse zusammenfällt. Mit Salz, Pfeffer und Muskatnuss abschmecken.

3 **4 EL Aceto balsamico** unter die fertigen Linsen mischen. Den Linsensalat mit Salz, Pfeffer und ggf. weiterem Aceto balsamico abschmecken und abgedeckt warm halten.

4 **Für die Saltimbocca** die Salbeiblätter waschen und trocken tupfen. Die Kaninchenrückenfilets abbrausen und auf Küchenpapier abtropfen lassen. Jedes Filet längs halbieren und die Stücke zwischen zwei Lagen Frischhaltefolie leicht flach klopfen. Auf jedem Stück ½ Scheibe Parmaschinken und 1 Blatt Salbei mit einem Zahnstocher feststecken. Die Pfanne erhitzen, Olivenöl dazugeben und die Saltimbocca auf der Schinkenseite in 3–5 Min. knusprig anbraten, wenden und weitere 3–4 Min. in der Pfanne ziehen lassen. Das Fleisch salzen und pfeffern.

5 **Den lauwarmen Linsensalat** mit Mangold und Löwenzahn auf vier Tellern anrichten, die Saltimbocca darauflegen, mit etwas altem Balsamico beträufeln und servieren.

Zubereitung: ca. 30 Min.
Garen: 30 Min.

FÜR DEN SALAT
100 g Berglinsen
500 ml Hühnerbrühe
2 EL Olivenöl
10 Safranfäden
1 Mangold
1 gelber Löwenzahn
frisch geriebene Muskatnuss
4–6 EL alter Aceto balsamico

FÜR DIE SALTIMBOCCA
12 frische Salbeiblätter
6 Kaninchenrückenfilets (ersatzweise 600 g Hähnchenbrust)
6 Scheiben Parmaschinken
2 EL Olivenöl

AUSSERDEM
Meersalz | schwarzer Pfeffer
Zahnstocher zum Feststecken
alter Aceto balsamico zum Beträufeln

BITTERSALAT MIT BIRNEN
und Walnüssen

Süßes nimmt Bitterem die Spitze, und durch eine Bitternote wird Süßes gleich viel spannender. Dieser Salat macht das Spiel der Geschmacksrichtungen zu einem Erlebnis – Bissen für Bissen.

1 Die Nüsse grob hacken und in einer heißen Pfanne ohne Fett anrösten, bis sie duften. Herausnehmen und abkühlen lassen.

2 Die Salate putzen, waschen, trocken schleudern und in mundgerechte Stücke zupfen.

3 Den Apfelbalsamessig in einer kleinen Schüssel mit Ahornsirup und Aceto balsamico verrühren. Langsam und unter ständigem Rühren die beiden Ölsorten einrühren und das Dressing mit Salz und Pfeffer abschmecken.

4 Kurz vor dem Servieren die Birnen waschen, vierteln, das Kerngehäuse entfernen und die Viertel in dünne Scheiben schneiden. Alle vorbereiteten Zutaten in einer Schüssel mit der Vinaigrette mischen.

5 Den Salat auf vier Teller verteilen und den Pecorino darüberhobeln.

Zubereitung: ca. 30 Min.

4 EL Pekan- oder Walnusskerne
1 kleiner Radicchio
1 Chicorée
1 Eskariolsalatherz
3 EL Apfelbalsamessig
1 EL Ahornsirup
1 TL alter Aceto balsamico
3 EL Traubenkernöl
3 EL Walnussöl
Meersalz | schwarzer Pfeffer
2 reife Williamsbirnen
100 g Pecorino

GLASNUDELSALAT
mit Papaya und Erdnüssen

Ausflug nach Asien: Mit so viel knackigem Gemüse, Erdnüssen und Papaya
in einer Schale hat das Mittagstief keine Chance.

1 Die Glasnudeln in einer Schüssel mit kochendem Wasser überbrühen und 20 Min. ziehen lassen.

2 In der Zwischenzeit die Gurke waschen. Kohlrabi und Ingwer schälen und in hauchdünne Scheiben hobeln. Diese Scheiben in dünne Streifen schneiden. Die Frühlingszwiebeln putzen, waschen, trocknen und schräg in dünne Ringe schneiden. Die Papaya schälen, die Kerne entfernen und das Fruchtfleisch fein würfeln. Die Erdnüsse fein hacken. Die Chilischote von Stiel und Samen befreien und in feine Streifen schneiden.

3 Die eingeweichten Glasnudeln in ein Sieb abgießen, abtropfen lassen und mit einer Schere in 10 cm lange Stücke schneiden. Alle vorbereiteten Zutaten mit den Glasnudeln in eine Schüssel geben. Aus Limettensaft, Sesamöl und Puderzucker ein Dressing rühren und mit dem Salat mischen. Vor dem Servieren ca. 10 Min. durchziehen lassen.

Zubereitung: ca. 30 Min.
Durchziehen: 10 Min.

150 g Glasnudeln
200 g Salatgurke
1 Kohlrabi
20 g frischer Ingwer
3 Frühlingszwiebeln
250 g reife Papaya
2 EL geröstete, gesalzene
    Erdnusskerne
1 frische rote Chilischote
Saft von 1 Limette
1–2 EL geröstetes Sesamöl
1 TL Puderzucker

103

KARTOFFEL-
TÖRTCHEN
mit Räucherforelle und Meerrettich

Eine runde Sache: cremiger Kartoffelstampf, kombiniert mit leichter Meerrettichschärfe
und herzhaft-rauchigem Fisch. Die perfekte kleine Mahlzeit!

1 Die Kartoffeln ungeschält in Salzwasser mit Kümmel in 10–15 Min. biss-fest garen.

2 In der Zwischenzeit die Kürbiskerne in einer Pfanne ohne Öl anrösten, bis sie duften, auskühlen lassen und grob hacken. Die Wildkräuter verlesen, putzen, waschen und vorsichtig trocken schleudern. Die Zitrone heiß abwaschen, trocknen, die Schale abreiben und den Saft auspressen. Den Schnittlauch waschen, trocken schütteln und in feine Röllchen schneiden.

3 Die fertigen Kartoffeln abgießen, ausdämpfen lassen und pellen. Das Traubenkernöl in einer Pfanne erhitzen und die Kartoffeln darin rundum in ca. 10 Min. goldgelb anbraten. Den Zitronensaft dazugießen, die Kartoffeln stampfen und Kürbiskerne und Schnittlauch unterheben. Den Kartoffelstampf mit Kürbiskernöl, Zitronenschale, frisch geriebenem Meerrettich, Salz und Pfeffer abschmecken.

4 Zum Anrichten die Forellenfilets in grobe Stücke zupfen und auf vier Tellern abwechselnd mit dem Kartoffelstampf in den Anrichteringen zu Törtchen schichten. Die Ringe abziehen, die Törtchen mit den Wildkräutern und Blüten garnieren und mit etwas Kürbiskernöl beträufeln.

Zubereitung: ca. 30 Min.

400 g aromatische festkochende Kartoffeln (z. B. Grenaille oder La Ratte)
Meersalz
1 TL Kümmelsamen
2 EL Kürbiskerne
1 Handvoll Wildkräuter-Salatmischung und essbare Blüten zum Garnieren
1 Bio-Zitrone
½ Bund Schnittlauch
2 EL Traubenkernöl
2 EL Kürbiskernöl
1 Stück frischer Meerrettich
Pfeffer aus der Mühle
4 Räucherforellenfilets

AUSSERDEM
4 Anrichteringe
Kürbiskernöl zum Beträufeln

PEPERONATA IM PERGAMENT
mit Mozzarella di Bufala

*Überraschungspäckchen auf dem Teller: Wenn die Pergamentverpackung geöffnet wird,
steigt ein wunderbarer Duft nach mediterranen Kräutern und Gemüsesorten auf, und plötzlich
fühlt man sich in den Süden Italiens versetzt.*

1 Den Backofengrill vorheizen. Ein Backblech mit Alufolie auslegen. Die Paprikaschoten vierteln, Stiel, Samen und Scheidewände entfernen und die Viertel waschen. Die Paprikaviertel mit der Hautseite nach oben nebeneinander auf das Blech legen und im Ofen (Mitte) grillen, bis die Haut dunkel wird und Blasen wirft. Das dauert ca. 10 Min. Die Paprikaschoten herausnehmen, mit angefeuchtetem Küchenpapier bedecken und etwas abkühlen lassen. Die Paprikaschoten mit einem spitzen Messer häuten und in Streifen schneiden.

2 Die Kapern in ein Schälchen mit Wasser legen. Die Zwiebeln schälen, halbieren und in Spalten schneiden. Den Knoblauch schälen und in feine Scheiben schneiden. Die Kräuter waschen und trocken schütteln. Von jeweils 2 Basilikum- und Thymianzweigen die Blätter abzupfen, die Basilikumblätter grob schneiden.

3 In einer Pfanne 3 EL Olivenöl erhitzen. Zwiebeln, Knoblauch und Thymianblättchen darin ca. 5 Min. andünsten. Die Paprikastreifen untermischen und alles mit Salz und Pfeffer würzen. Die Kapern abgießen und mit Basilikum und Oliven untermischen. Die Peperonata nochmals abschmecken.

4 Den Backofen auf 200 °C vorheizen. 4 Bögen Backpapier (ca. 40 × 40 cm) auf die Arbeitsfläche legen. Jeweils ein Viertel der Peperonata in die Mitte geben, mit den übrigen 2 EL Öl beträufeln und mit Salz sowie Piment d'Espelette würzen.

5 Den Mozzarella in Scheiben schneiden und auf der Peperonata verteilen. Die restlichen Kräuterblättchen von den Stängeln streifen, die Basilikumblättchen etwas kleiner zupfen und mit den Thymianblättchen auf dem Mozzarella verteilen. Das Papier über der Füllung zusammenschlagen und mehrmals falten. An den Seiten wie ein Päckchen einschlagen und nach unten umknicken. Die Päckchen auf das Backblech legen und auf der mittleren Schiene ca. 10 Min. backen.

6 Die Päckchen auf Teller setzen und am Tisch aufschneiden.

Zubereitung: ca. 40 Min.
Backen: 10 Min.

je 2 rote und gelbe Paprikaschoten
2 EL Kapern in Salz (möglichst kleine, »Nonpareilles«)
2 rote Zwiebeln
2 Knoblauchzehen
4 Stängel Basilikum
4 Zweige Thymian
5 EL Olivenöl
Meersalz | schwarzer Pfeffer
2 EL entsteinte Taggiasca-Oliven in Öl (ersatzweise schwarze Oliven)
Piment d'Espelette
250 g Büffelmozzarella

CORNELIA POLETTOS LIEBLINGSPRODUKTE

PARMESAN

Bei Parmesan könnte ich ins Schwärmen kommen. Gibt es überhaupt einen großartigeren Käse? Aus meiner Küche ist er jedenfalls nicht wegzudenken, und ich benutze ihn bei Weitem nicht nur, um damit Pastagerichte zu bestreuen oder Risotto würzig zu vollenden. Nein, ich liebe Parmesanspäne beispielsweise auch als salzig-nussigen Kontrast zu gegrilltem Fleisch oder Gemüse. Salaten gibt der Hartkäse einen besonderen Kick und kann darin sogar schon mal das Salz ersetzen, was den Vorteil hat, dass die Blätter nicht so schnell zusammenfallen. Und das ist keineswegs der einzige Vorteil: Er steuert nämlich außerdem eine unvergleichliche Umami-Note bei (siehe auch S. 27), und diese Kombination wirkt viel befriedigender als Salz allein. Deshalb verwende ich Parmesan sogar gelegentlich, um Saucen zu Fisch zu würzen und ihnen einen schön runden Geschmack zu verleihen.

Abgesehen davon, dass mein Lieblingskäse dabei hilft, Salz zu sparen, hat er aber auch noch einige andere Vorzüge. Wie alle sehr lang gereiften Käsesorten ist er laktosefrei, was für immer mehr Leute – darunter auch für mich – ein Thema ist. Er liefert eine große Portion Calcium und sorgt damit für stabile Knochen, und nebenbei ist auch noch Vitamin D enthalten, das die Aufnahme des Calciums fördert.

Und was hat es mit dem preiswerteren Grana Padano auf sich, der in der Käsetheke meist gleich neben dem »echten« Parmesan, dem Parmigiano Reggiano, liegt? Die beiden Käsesorten ähneln sich, aber Parmesan muss mindestens zwölf Monate reifen, während Grana Padano schon nach neun Monaten in den Handel kommen darf und daher oft milder schmeckt.

GRÜNES GEMÜSE

Wer grünes Gemüse nur in Form grüner Smoothies zu sich nimmt, bringt sich meiner Meinung nach um eine Menge Genuss. Denn die Flüssigmahlzeit ist schnell hinuntergeschluckt und hinterlässt wenig bleibende Geschmackseindrücke.

Wenn ich mich dagegen mit einer Schale Bohnen oder Zucchini, Spinat oder Wirsing an den Tisch setze und mir die Zeit nehme, Bissen für Bissen zu kauen, nehme ich viel eher wahr, was ich da esse. Immerhin haben die Smoothie-Fans essbares Grün auf einmal trendy gemacht, und das hat es redlich verdient. Für mich liefert es nämlich sozusagen die Quintessenz des Gemüsegeschmacks – und gleichzeitig eine Fülle unterschiedlicher Aromen: die leichte Senfölschärfe der Kohlfamilie, die Süße von Erbsen und frischen Fave-Bohnen, die knackige Frische von Gurken und die Herbheit der Mangoldblätter. Ich finde es immer wieder wunderbar, wie abwechslungsreich eine Sinfonie in Grün aus mehreren Sorten schmecken kann.

Dass dem Chlorophyll, das für die Farbe verantwortlich ist, alle möglichen Gesundwirkungen nachgesagt werden, ist für mich eher Nebensache. Als gesund galt Grünzeug schließlich schon immer. Gerade Blattgemüse enthält reichlich Folsäure, alle Angehörigen der Kohlfamilie haben viel Vitamin C und Pro-Vitamin A zu bieten, während Erbsen und Bohnen sich durch einen hohen Kaliumgehalt hervortun.

Für mich ist etwas anderes noch viel wichtiger: Frische Erbsen, Brokkoli, Zucchini oder Spinat schmecken schon pur einfach toll. Kurz und knackig zubereitet, mit einem Tropfen Öl oder Butter – viel mehr brauche ich nicht zum Glücklichsein.

SPAGHETTIKÜRBIS
alla Carbonara

1 **Den Backofen** auf 180 °C vorheizen. Die Kräuter waschen und trocken schütteln, Blättchen bzw. Nadeln abzupfen und fein schneiden. Den Knoblauch schälen und fein schneiden. Die Kürbisse längs halbieren. Das faserige Innere mit den Samen entfernen. 4 EL Olivenöl mit Thymian, Rosmarin und Knoblauch vermischen und die Kürbishälften damit bepinseln.

2 **Die Hälften** mit den Schnittflächen nach oben auf ein Blech setzen und im Ofen je nach Größe 30–45 Min. garen, bis sich das Fruchtfleisch mit einer Gabel leicht in Fäden aus der Schale löst, der Kürbis aber noch nicht matschig ist.

3 **Inzwischen** den Schinken in Streifen schneiden und in dem übrigen EL Olivenöl in einer Pfanne knusprig ausbraten. Die Petersilie waschen, trocken schütteln, die Blättchen abzupfen und fein schneiden. Eigelbe, Schmand, Ricotta und 60 g Parmesan in einer großen Schüssel verrühren und die Mischung mit Salz, Pfeffer und Muskatnuss herzhaft abschmecken.

4 **Sobald** der Kürbis fertig ist, das faserige Fruchtfleisch mit einer Gabel aus der Schale lösen. Die äußere Kürbishülle stehen lassen. Den Ofen auf 220 °C heraufschalten. Das Kürbisfruchtfleisch und die Petersilie zur Ricotta-Schmand-Masse geben und alles nochmals mit Salz, Pfeffer und Muskatnuss abschmecken. Die Masse in die vier Kürbishälften füllen, diese wieder auf das Blech setzen, mit den übrigen 20 g Parmesan bestreuen und den Kürbis im Ofen in ca. 10 Min. goldgelb überbacken.

Zubereitung: ca. 20 Min.
Backen: ca. 45 Min.

je 4 Zweige Thymian und
  Rosmarin
1 Knoblauchzehe
2 kleine Spaghettikürbisse
  à 800 g
5 EL Olivenöl
150 g Parmaschinken
1 Bund glatte Petersilie
2 Eigelb
50 g Schmand
150 g Ricotta
80 g frisch geriebener Parmesan
Meersalz | schwarzer Pfeffer
frisch geriebene Muskatnuss

PASTAGEMÜSE

Der Spaghettikürbis hat eine steile Karriere hingelegt, seit Low-Carb-Anhänger entdeckt haben, dass sein Fruchtfleisch beim Garen in lauter dünne Fäden zerfällt, die im Aussehen (mit etwas gutem Willen betrachtet) tatsächlich ein bisschen an Spaghetti erinnern. Spätestens bei Geschmack und Mundgefühl ist es mit der Ähnlichkeit allerdings vorbei. Kürbis ist und bleibt eben Kürbis. Trotzdem finde ich, dass dieses Fruchtgemüse eine echte Bereicherung ist. Es macht Spaß, damit zu experimentieren! Dieses Rezept spielt mit der äußerlichen Ähnlichkeit zur Pasta, aber die cremige Füllung verbindet sich hervorragend mit dem milden Kürbisaroma. Spaghettikürbisse sind oval geformt und außen gelb-grün. Es gibt sie meistens nur im Herbst – greifen Sie also zu, wenn Sie welche sehen!

ZITRONEN-INGWER-SPAGHETTI
mit mariniertem Curryhuhn

Italienische Pasta trifft marokkanische Salzzitronen, indische Gewürze und chinesische Sojasauce. Und das Beste: Diese Crossover-Party im Pastateller ist auch noch schnell zubereitet!

1 **Die Hähnchenbrust** trocken tupfen und in ca. 4 cm große Würfel schneiden. Das Fleisch in einer Schüssel mit Olivenöl und dem Gewürz mischen und abgedeckt im Kühlschrank mind. 1 Std. ziehen lassen.

2 **Für die Pasta** Schalotte und Knoblauch schälen und fein würfeln. Das Fruchtfleisch der Salzzitrone entfernen und nur die Schale fein würfeln. Den Ingwer schälen und fein reiben. Den Koriander waschen, trocken schütteln und die Blättchen fein schneiden.

3 **Die Spaghetti** in reichlich kochendem Salzwasser nach Packungsanweisung al dente garen.

4 **In der Zwischenzeit** die Hähnchenwürfel in einer großen Pfanne 3–5 Min. bei mittlerer Hitze rundum anbraten, salzen und herausnehmen.

5 **Das Olivenöl** in derselben Pfanne erhitzen und Schalotten- und Knoblauchwürfel darin glasig anschwitzen. Zitronenwürfel, geriebenen Ingwer, Sojasauce und Sesamöl dazugeben.

6 **Die Spaghetti** abgießen und mit den Hähnchenwürfeln in die Pfanne mit den restlichen Zutaten geben. Alles durchschwenken und mit Salz abschmecken. Zuletzt den Koriander unterheben.

ORIENTALISCHE SALZZITRONEN

Salzzitronen, also in Salzlake eingelegte Zitronen, stammen ursprünglich aus der marokkanischen Küche. Sie bekommen durch das Einlegen einen intensiven, ganz eigenen Duft und Geschmack, der vielen Gerichten – nicht nur orientalischen – eine besonders frische Würze verleiht. Man bekommt sie in arabischen Geschäften oder kann sie über das Internet bestellen.

Zubereitung: ca. 30 Min.
Marinieren: 1 Std.

FÜR DAS CURRYHUHN
450 g Hähnchenbrust
6 EL Olivenöl
1–2 TL Gewürzmischung
»Curryliebe Anapurna«
(siehe Tipp S. 81)

FÜR DIE PASTA
1 Schalotte
1 Knoblauchzehe
1 Salzzitrone (siehe Tipp)
20 g frischer Ingwer
½ Bund Koriandergrün
400 g Spaghetti
2 EL Olivenöl
1 TL Sojasauce
1 TL geröstetes Sesamöl

AUSSERDEM
Meersalz

HANDGEMACHTE LINSENTAGLIATELLE
mit Safran-Apfel-Sugo

Pasta mit Linsen? Ja, aber mehr als das: Pasta aus Linsen!
Die schmeckt schön nussig und punktet außerdem mit zusätzlichen Ballaststoffen, die lange satt machen.

1 **Für den Nudelteig** in einer großen Schüssel Linsenmehl, Grieß und 1 Prise Salz vermischen. In die Mitte eine Mulde drücken, die Eier hineinschlagen und alles zu einem glatten Teig kneten. Den Teig in Frischhaltefolie wickeln und mind. 1 Stunde im Kühlschrank ruhen lassen.

2 **In der Zwischenzeit** die Linsen waschen und abtropfen lassen. Die Kräuter waschen und trocken schütteln. Schalotte und Knoblauch schälen und fein würfeln. 2 EL Olivenöl in einem Topf erhitzen und die Schalotten- und Knoblauchwürfel darin glasig anschwitzen. Die Linsen zugeben, alles mit Wermut und Apfelsaft ablöschen und mit 250 ml Gemüsebrühe auffüllen. Safranfäden sowie Kräuterzweige und Lorbeer (möglichst in einem Kräutersieb oder Leinensäckchen) dazugeben. Die Linsen bei schwacher Hitze in ca. 10 Min. weich garen.

3 **Inzwischen** den Nudelteig mit der Nudelmaschine in ca. 2 mm dicken Bahnen ausrollen und in Streifen (Tagliatelle) schneiden.

4 **Die Kräuter** aus den Linsen entfernen. 4 EL Linsen abnehmen und zur Seite stellen, die übrigen fein pürieren und nach Belieben durch ein Sieb streichen. Das Püree mit Salz, Pfeffer und Olivenöl abschmecken, falls nötig mit Gemüsebrühe verdünnen und warm halten.

5 **Die Tagliatelle** in reichlich kochendem Salzwasser in 3–5 Min. al dente garen. Den Apfel waschen, vierteln und ohne Kerngehäuse in hauchdünne Spalten schneiden. Die Linsentagliatelle in das heiße Linsenpüree geben. Die ganzen Linsen dazugeben, alles noch einmal heiß durchschwenken, auf Teller verteilen und mit gehobeltem Pecorino und Apfelspalten garnieren.

NUSSIGES MEHL

Linsenmehl wird aus geschälten roten Linsen hergestellt und gibt in diesem Rezept dem Pastateig einen besonders nussigen Geschmack. Man findet es in gut sortierten Supermärkten, kann es aber auch über das Internet bestellen.

Zubereitung: ca. 45 Min.
Ruhen: 1 Std.

FÜR DEN NUDELTEIG
250 g rotes Linsenmehl
150 g feiner Hartweizengrieß
1 Prise Salz
4 Eier (Größe M)

FÜR DEN SAFRAN-APFEL-SUGO
200 g rote Linsen
je 1 Zweig Thymian und
 Rosmarin
1 Schalotte
2 Knoblauchzehen
4 EL bestes Olivenöl
50 ml Wermut (z. B. Noilly Prat)
100 ml Apfelsaft
250–300 ml Gemüsebrühe
10 Safranfäden
1 Lorbeerblatt

AUSSERDEM
Meersalz | schwarzer Pfeffer
Hartweizengrieß zum
 Verarbeiten
1 Apfel
Pecorino zum Hobeln

BROKKOLI-CANNELLONI
mit Oliven und Mozzarella

Im süditalienischen Apulien liebt man Orecchiette, also kleine »Öhrchen-Pasta«, mit Brokkoli.
Ich habe dem klassischen Gericht eine andere Form gegeben und es etwas raffinierter gemacht – und schneller geht
es so auch, denn die handgeformten Öhrchen werden hier durch Cannelloni ersetzt.

1 Den Brokkoli waschen und in Röschen teilen. Ein Drittel davon beiseite-legen. Den Stiel schälen und würfeln. Die Schalotten schälen und würfeln. Den Knoblauch schälen und in feine Scheiben schneiden. Die Chilischote längs aufschlitzen, Stiel und Samen entfernen und die Chili fein würfeln.

2 1 EL Olivenöl in einem Topf erhitzen. Schalotten, Knoblauch und Chili darin glasig anschwitzen. Die übrigen Brokkoliröschen samt Stiel mit Sardel-lenfilets, getrockneten Tomaten und Kapern (jeweils im Ganzen) zufügen. Alles salzen, pfeffern, mit der Gemüsebrühe auffüllen und zugedeckt bei mittlerer Hitze ca. 20 Min. köcheln lassen.

3 Inzwischen die Kirschtomaten waschen und halbieren. Den Mozzarella würfeln. Salzwasser in einem kleinen Topf zum Kochen bringen. Eine Schüs-sel mit Eiswasser bereitstellen. Die zurückbehaltenen Brokkoliröschen in kochendem Salzwasser 2–3 Min. blanchieren, abgießen, in eiskaltem Wasser abschrecken und abtropfen lassen. Die Röschen beiseitestellen.

4 Die gekochte Brokkolimischung mit der Garflüssigkeit, dem Ricotta und 2 EL geriebenem Parmesan pürieren, das Püree mit Salz und Pfeffer würzen und warm halten.

5 Den Backofen auf 200 °C vorheizen. Die Cannelloni in Salzwasser nach Packungsanweisung bissfest kochen, abschrecken und abtropfen lassen. Eine ofenfeste Form mit 1 TL Olivenöl ausstreichen. Die Cannelloni mithilfe eines Spritzbeutels mit der Brokkolimasse füllen und in die Form legen.

6 Die blanchierten Brokkoliröschen mit Kirschtomaten, Mozzarella, Oli-ven, Zitronensaft und den übrigen 4 EL Olivenöl mischen und mit Salz und Pfeffer abschmecken. Das Gemüse auf den Cannelloni verteilen, alles mit dem restlichen Parmesan bestreuen und im Ofen (Mitte) 10–15 Min. über-backen, bis der Mozzarella geschmolzen und der Parmesan gebräunt ist.

Zubereitung: ca. 40 Min.
Backen: 15 Min.

1 Brokkoli
2 Schalotten
2 Knoblauchzehen
1 frische rote Chilischote
5 EL Olivenöl
2 Sardellenfilets
50 g getrocknete Tomaten in Öl
20 g Kapern in Salz
Meersalz | schwarzer Pfeffer
300 ml Gemüsebrühe
16 aromatische Kirschtomaten
125 g Büffelmozzarella (1 Kugel)
100 g Ricotta
40 g frisch geriebener Parmesan
12–16 große Cannelloni (Menge je nach Größe)
50 g entsteinte Taggiasca-Oliven in Öl (ersatzweise schwarze Oliven)
Saft von ½ Zitrone

AUSSERDEM
1 TL Olivenöl für die Form
Spritzbeutel mit großer Tülle

PIZZOCCHERI ALLA VALTELLINESE
mit Kartoffeln und Wirsing

Diese winterliche Pasta habe ich in der Schweiz kennen- und lieben gelernt. Auch wenn die Kombination von Nudeln mit Kartoffeln für unsere Ohren erst einmal seltsam klingt: Sie ist großartig!

1 **Für den Nudelteig** alle Zutaten mit 1 TL Salz zu einem glatten Teig verkneten. Sollte der Teig zu fest sein, etwas Wasser dazugeben. Den Teig in Frischhaltefolie wickeln und mind. 2 Std. im Kühlschrank ruhen lassen. Danach den Teig mit der Nudelmaschine nicht zu dünn ausrollen und in ca. 4 cm breite und 10 cm lange Streifen schneiden. Die Pizzoccheri auf der mit Hartweizengrieß bestreuten Arbeitsfläche ausbreiten.

2 **Für das Gemüse** die Kartoffeln schälen, ca. 2 cm groß würfeln und in reichlich Salzwasser in ca. 3 Min. bissfest kochen. Die fertigen Kartoffeln abgießen, das Kochwasser auffangen. Inzwischen den Knoblauch schälen und in feine Scheiben schneiden. Den Wirsing putzen, waschen, in Spalten und diese in ca. 4 cm große Stücke schneiden. Die Kräuter waschen und trocken tupfen. Die Salbeiblätter fein schneiden, die Majoranblättchen von den Zweigen streifen.

3 **In einer** großen Pfanne das Olivenöl erhitzen. Den Knoblauch darin anschwitzen. Den Wirsing dazugeben, 2 Min. durchschwenken, herausnehmen und beiseitestellen.

4 **Die Gemüsebrühe** in die Pfanne geben und aufkochen lassen. Die kalte Butter würfeln und einrühren. Salbei und Majoranblättchen zugeben und alles etwas einkochen lassen. Kartoffelwürfel und Wirsing zufügen. Die Pizzoccheri im Kartoffelwasser in ca. 4 Min. bissfest kochen und zum Gemüse geben. Den geriebenen Käse darüberstreuen, alles durchschwenken und mit Salz, Pfeffer und Muskatnuss abschmecken.

WAS SIND PIZZOCCHERI?

Diese bäuerliche Pasta stammt aus der italienisch-schweizerischen Grenzregion. Der Teig schmeckt durch das Buchweizenmehl schön herzhaft, wird eher dick ausgerollt und in breite Streifen geschnitten.

Zubereitung: ca. 1 Std.
Ruhen: 2 Std.

FÜR DEN NUDELTEIG

150 g Buchweizenmehl

100 g Hartweizenmehl

3 Eier (Größe M)

FÜR DAS GEMÜSE

4 kleine festkochende Kartoffeln (ca. 200 g)

2 Knoblauchzehen

½ kleiner Wirsing (ca. 200 g)

4 Salbeiblätter

4 Zweige Majoran

2 EL Olivenöl

100 ml Gemüsebrühe

50 g kalte Butter

75 g frisch geriebener Casera stagionata (italienisches Feinkostgeschäft, ersatzweise Parmesan)

frisch geriebene Muskatnuss

AUSSERDEM

Meersalz | schwarzer Pfeffer

Hartweizengrieß zum Verarbeiten

ZUCCHINI-LINGUINI
mit Tomaten und Scamorza

Pasta macht glücklich! Und Pasta muss noch lange nicht heißen, dass nur Kohlenhydrate
auf dem Teller liegen. Hier habe ich die Nudeln durch Zucchinistreifen ergänzt: eine gute Möglichkeit,
um das Ganze leichter zu machen.

1 Die Zucchini putzen, waschen, längs in dünne Scheiben schneiden (das geht am besten mit einem Gemüsehobel) und diese längs in schmale Streifen schneiden. Den Knoblauch schälen und in feine Scheiben schneiden. Die Kirschtomaten waschen und vierteln. Die Kräuter waschen, trocken schütteln, die Blättchen abzupfen und fein schneiden. Den Scamorza reiben.

2 Die Linguini nach Packungsanweisung in Salzwasser al dente kochen.

3 Inzwischen in einer großen Pfanne das Olivenöl erhitzen. Die Zucchinistreifen und den Knoblauch darin ca. 2 Min. bei mittlerer Hitze braten. Die Tomaten dazugeben und 2 Min. mitbraten.

4 Die Pasta mithilfe einer Schaumkelle direkt aus dem Topf zum Gemüse geben und alles mit Kräutern, Salz und den zerbröselten Chilischoten würzen. Falls die Mischung zu trocken ist, ein wenig Nudelwasser dazugeben. Alles noch einmal durchschwenken, auf vorgewärmten tiefen Tellern anrichten und mit dem Scamorza bestreuen.

Zubereitung: ca. 30 Min.

4 Zucchini à 250 g

4 Knoblauchzehen

200 g Kirschtomaten

4 Zweige Thymian

je 4 Stängel Basilikum und
   glatte Petersilie

125 g geräucherter Scamorza

200 g Linguini

Meersalz

6 EL Olivenöl

getrocknete Chilischoten (Menge
   je nach gewünschter Schärfe)

TOPINAMBUR-
RISOTTO
mit Taleggio und Haselnüssen

*In der kalten Jahreszeit, wenn Topinambur Saison hat, gehört dieses Gericht zu meinen
Lieblings-Risotto-Varianten. Die kleinen Knollen haben einen wunderbar nussigen Geschmack,
der durch die Haselnüsse noch unterstrichen wird.*

1 Den Backofen auf 180 °C vorheizen. Die Haselnüsse auf ein Backblech
geben und im Ofen 10–12 Min. gleichmäßig anrösten. Die Nüsse herausnehmen, abkühlen lassen und grob hacken.

2 Den Topinambur schälen und in ca. 2 cm große Würfel schneiden. Schalotte und Knoblauch schälen und fein würfeln. Die Brühe in einem Topf
erhitzen und warm halten.

3 In einem Topf die Butter schmelzen. Topinambur, Schalotte und Knoblauch darin glasig anschwitzen. Den Risottoreis ungewaschen dazugeben,
ebenfalls glasig anschwitzen und mit Weißwein ablöschen. Die Flüssigkeit
fast vollständig einkochen lassen. So viel Brühe angießen, dass der Reis
knapp bedeckt ist, und den Reis in 20–30 Min. al dente garen. Dabei immer
wieder rühren und falls nötig Brühe nachgießen.

4 Inzwischen die Kräuter waschen, trocken schütteln, die Nadeln bzw.
Blättchen abzupfen und fein schneiden.

5 Das Topinamburrisotto vom Herd nehmen. Haselnüsse, Haselnussöl,
geriebenen Parmesan einrühren und das Risotto mit Salz und Pfeffer abschmecken. Zum Schluss Rosmarin und Petersilie unterheben. Das Risotto
auf vorgewärmten Tellern anrichten. Den Taleggio in vier Scheiben schneiden, auf jede Portion eine Scheibe geben und leicht schmelzen lassen.

KNUSPRIGE GARNITUR

Für ein knuspriges Extra 2 Topinamburknollen schälen und in
feine Scheiben hobeln. Die Scheiben in Olivenöl goldgelb frittieren,
auf Küchenpapier abtropfen lassen und leicht salzen. Das Risotto
mit den knusprigen Topinamburchips garnieren.

Zubereitung: ca. 30 Min.

40 g Haselnüsse (möglichst
   Piemonteser, s. Tipp S. 41)
400 g Topinambur
1 Schalotte
1 Knoblauchzehe
400 ml Hühner- oder
   Gemüsebrühe
1 TL Butter
200 g Risottoreis (am
   besten Carnaroli)
50 ml Weißwein
1 Zweig Rosmarin
4 Stängel glatte Petersilie
4 TL Haselnussöl
50 g frisch geriebener Parmesan
Meersalz | schwarzer Pfeffer
80 g Taleggio

KARTOFFEL-GNOCCHI
mit Romanesco und Kapernbutter

Romanesco und Kapern gehören zu den unterschätzten Traumpaaren der Küche:
Die kleinen Blütenknospen setzen pikant-salzige Akzente und tragen den Romanesco.
Die Kombination ist unwiderstehlich.

1 **Für die Gnocchi** die Kartoffeln mit Schale in Salzwasser in 10–15 Min. gar kochen, abgießen und heiß pellen. Die Kartoffeln durch die Kartoffelpresse in eine Schüssel geben und etwas ausdämpfen, aber nicht abkühlen lassen: Die Kartoffelmasse muss zur Weiterverarbeitung noch lauwarm sein. Kartoffelstärke und Eigelbe mit einem Holzlöffel unterrühren. Alles zu einem glatten Teig verarbeiten, mit Muskatnuss, Salz und Pfeffer abschmecken und im Kühlschrank 1 Std. ruhen lassen.

2 **Den Teig** auf der mit Stärke bestäubten Arbeitsfläche zu ca. 2 cm dicken Rollen formen. Davon mit dem Messer 2 cm lange Stücke abschneiden. Um den Gnocchi die typischen Rillen zu geben, nacheinander jeweils ein Klößchen auf eine Gabel legen und es mit einer zweiten Gabel von oben über die Zinken abrollen.

3 **Für das Gemüse** die Kapern kalt abspülen und abtropfen lassen. Die Limette heiß abwaschen, trocknen, die Schale abreiben und den Saft auspressen. Die Petersilie waschen, trocken schütteln und die Blättchen fein schneiden. Den Romanesco waschen und in Röschen teilen.

4 **In einem großen Topf** reichlich Salzwasser aufkochen. Eine Schüssel mit Eiswasser vorbereiten. Die Romanescoröschen im kochenden Salzwasser in 3–5 Min. bissfest blanchieren und im Eiswasser abschrecken.

5 **In dem Topf** erneut reichlich Salzwasser aufkochen. Die Butter in einer Pfanne aufschäumen lassen. Die Romanescoröschen darin ca. 5 Min. bei mittlerer Hitze anbraten. Limettensaft und -schale, Kapern und Petersilie zugeben und das Gemüse mit Salz und Pfeffer abschmecken.

6 **Die Gnocchi** in siedendem Salzwasser ca. 3 Min. garen, bis sie an die Wasseroberfläche steigen. Herausnehmen, zum Gemüse geben, alles durchschwenken und sofort mit Parmesan servieren.

Zubereitung: ca. 1 Std.
Garen: 15 Min.
Ruhen: 1 Std.

FÜR DIE GNOCCHI
800 g mehligkochende Kartoffeln
150 g Kartoffelstärke
3 Eigelb
frisch geriebene Muskatnuss

FÜR DAS GEMÜSE
2 EL Kapern in Salz
1 Bio-Limette
½ Bund glatte Petersilie
1 kleiner Romanesco
50 g Butter

AUSSERDEM
Meersalz | schwarzer Pfeffer
Kartoffelstärke zum Verarbeiten
frisch geriebener Parmesan
   zum Bestreuen

CORNELIA POLETTOS
FISCHBURGER
mit Grüner Sauce

*Ein Burger mit Fisch? Nun ja, ich bin und bleibe einfach eine Hamburger Deern, und
Fisch gehört für mich nun mal dazu. Hier darf außerdem noch die hessische Grüne Sauce mitspielen.
Hamburg hat sich schließlich immer schon weltoffen gezeigt!*

1 **Für die Grüne Sauce** das Ei in Wasser in ca. 10 Min. hart kochen, abschrecken, schälen und klein hacken. Die Kräuter waschen, trocken tupfen und die Blätter abzupfen. Die Kräuter grob hacken und mit Schmand und saurer Sahne im Mixer fein pürieren. Die Sauce mit Zitronensaft, etwas Senf, Zucker, Salz und Pfeffer abschmecken. Zuletzt das gehackte Ei unterrühren.

2 **Für den Fisch** die Filets abspülen und trocken tupfen. Das Olivenöl in einer Pfanne erhitzen und die Filets darin auf der Hautseite ca. 3 Min. bei mittlerer Hitze goldbraun anbraten.

3 **Die Oberseiten** mit Parmesan bestreuen, die Filets vorsichtig wenden und von der zweiten Seite in weiteren 3 Min. goldbraun braten. Der Fisch sollte innen noch ganz leicht glasig sein. Die Fischfilets mit Fleur de Sel und Piment d'Espelette würzen.

4 **Die Brötchen** halbieren, toasten und beidseitig mit Sauce bestreichen. Die Minigurke waschen und in Scheiben schneiden. Die Brötchenunterseiten mit Fisch, Gurkenscheiben und Kresse belegen und die Oberseiten daraufsetzen.

SELBST GEBACKENE BURGER-BUNS

Sie können die Brötchen für diese Burger auch selbst backen. Für 4 Stück 20 g Butter mit 85 ml Milch erwärmen und abkühlen lassen. 215 g Weizenmehl (Type 405) in einer großen Schüssel mit 15 g frischer Hefe, 1 TL Vollrohrzucker, 1 TL Meersalz, Butter-Milch-Mischung sowie 1 Eigelb 5 Min. zu einem weichen Teig verkneten. Ein Backblech mit Polenta bestreuen. Den Teig vierteln, zu Kugeln formen, auf das Blech legen und abgedeckt an einem warmen Ort 1 Std. gehen lassen. Den Backofen auf 200 °C vorheizen. 1 Ei mit 1 TL Wasser verschlagen. Die Oberfläche der Brötchen damit bestreichen und mit insgesamt 1 TL Sesamsamen bestreuen. Die Buns im Ofen 10–15 Min. backen.

Zubereitung: ca. 40 Min.

FÜR DIE GRÜNE SAUCE

1 Ei

100 g Kräuter für Grüne Sauce (Schnittlauch, Kresse, Borretsch, Kerbel, Sauerampfer, Pimpinelle, glatte Petersilie)

100 g Schmand

100 g saure Sahne

Saft von ½ Zitrone

1 TL Senf

1 Prise Zucker

FÜR DEN FISCH

4 Forellenfilets mit Haut à 150 g

2 EL Olivenöl

2 EL frisch geriebener Parmesan

Fleur de Sel | Piment d'Espelette

FÜR DIE FERTIGSTELLUNG

4 Brötchen oder selbst gebackene Burger-Buns (siehe Tipp)

1 Schale Kresse

1 Minigurke

AUSSERDEM

Meersalz | schwarzer Pfeffer

MARINIERTER THUNFISCH
mit gegrillter Avocado

Superschnell zubereitet, mit viel grünem Gemüse, hochwertigem Eiweiß aus dem Thunfisch und gesunden Fetten aus Avocado und Olivenöl: Das hier ist die perfekte gesunde, leichte Mahlzeit. Und das Beste: Sie schmeckt einfach großartig!

1 Die Chilischote längs halbieren, Stiel und Samen entfernen, die Schote waschen und in feine Streifen schneiden. Den Ingwer schälen und fein reiben. Den Knoblauch schälen und fein schneiden. Die Limette abwaschen, trocknen und die Schale abreiben (den Saft anderweitig verwenden).

2 Chili, Ingwer, Knoblauch und Limettenschale mit Mirin und Sojasauce verrühren. Die Thunfischsteaks kalt abwaschen, trocken tupfen und in der Marinade wenden. Den Fisch abgedeckt 30 Min. im Kühlschrank marinieren lassen.

3 In der Zwischenzeit die Frühlingszwiebeln putzen, waschen und in sehr feine Ringe schneiden. Den Staudensellerie waschen, schälen und quer halbieren, sodass spargellange Stücke entstehen. Den Thai-Spargel waschen und die Stielenden abschneiden. Grünen Spargel waschen, im unteren Drittel schälen und die Stielenden abschneiden.

4 Die Avocados halbieren, entkernen, schälen und jede Hälfte in vier Spalten schneiden. Eine Grillpfanne erhitzen und die Avocadospalten darin ca. 2 Min. bei starker Hitze von allen Seiten angrillen. Herausnehmen und die Grillpfanne mit Küchenpapier auswischen.

5 Das Olivenöl in einer Wokpfanne erhitzen. Staudensellerie und Spargel darin bei starker Hitze 3–5 Min. durchschwenken. Das Gemüse mit etwas von der Thunfischmarinade, Salz und Pfeffer würzen.

6 Den Thunfisch aus der Marinade nehmen. Die Grillpfanne erneut erhitzen. Die Thunfischsteaks darin bei starker Hitze von jeder Seite 2–3 Min. angrillen. Sie sollen innen noch roh sein.

7 Gemüse, gegrillte Avocados und Thunfisch auf vier Tellern anrichten, die Frühlingszwiebeln darüberstreuen und servieren.

Zubereitung: ca. 15 Min.
Marinieren: 30 Min.

1 frische rote Chilischote
20 g frischer Ingwer
1 Knoblauchzehe
1 Bio-Limette
2 EL Mirin (süßer Reiswein, Asienladen)
2 EL dunkle Sojasauce
4 Thunfischsteaks à 150 g
4 Frühlingszwiebeln
4 Stangen Staudensellerie
200 g Thaispargel (ersatzweise grüner Spargel)
2 Avocados
4 EL Olivenöl
Pink Salt Flakes
Pfeffer aus der Mühle

PFEFFERLACHS MIT PESTO-BOHNEN
und schwarzem Rapsöl

1 **Den Thymian** waschen, trocken schütteln, die Blättchen abzupfen und hacken. Die Pfefferkörner grob im Mörser zerstoßen und mit Thymian und 1 TL Fleur de Sel vermischen.

2 **Oliven und Rapsöl** mit dem Pürierstab zu einer feinen Paste mixen. Die Tomaten in Streifen schneiden. Die Bohnen waschen, putzen und in kochendem Salzwasser 5 Min. blanchieren, dann in Eiswasser abschrecken. Die blanchierten Bohnen mit der Brühe erwärmen und Pesto sowie Tomatenstreifen untermischen. Das Gemüse in einer Pfanne kurz heiß durchschwenken und mit Salz und Pfeffer abschmecken.

3 **Den Lachs** kalt abwaschen und trocken tupfen. Eine Seite des Filets in die Pfeffermischung drücken. Das Olivenöl in einer Pfanne erhitzen und den Lachs darin bei starker Hitze von jeder Seite ca. 3 Min. braten, sodass er im Kern noch glasig ist (Kerntemperatur 55 °C).

4 **Den Lachs** in dünne Scheiben schneiden und abwechselnd mit den Bohnen auf vier Teller schichten. Das schwarze Rapsöl darüberträufeln.

Zubereitung: ca. 30 Min.

4 Zweige Thymian

100 g gemischte Pfefferkörner (weißer, schwarzer und Szechuanpfeffer zu gleichen Teilen)

Fleur de Sel

3 EL entsteinte schwarze Oliven

5 EL Rapsöl

50 g halb getrocknete Tomaten (siehe S. 75, ersatzweise getrocknete Tomaten in Öl)

400 g grüne Bohnen | Meersalz

100 ml Gemüsebrühe

2 EL Basilikum-Pesto (siehe Tipp)

Pfeffer aus der Mühle

600 g Bio-Lachsfilet ohne Haut

2 EL Olivenöl

SELBST GEMACHTES BASILIKUMPESTO

Ein Pesto ist schnell selbst gemacht. Dazu 40 g Pinienkerne in einer Pfanne ohne Fett anrösten und abkühlen lassen. 100 g Basilikumblätter waschen und trocken schleudern. Das Basilikum mit Pinienkernen und 50 ml Olivenöl im Mixer oder mit dem Pürierstab kurz pürieren. 50 g frisch geriebenen Parmesan unterrühren. Falls nötig noch mehr Olivenöl unterrühren, bis das Pesto die gewünschte Konsistenz hat. 1 Knoblauchzehe schälen, andrücken, ins Pesto geben und darin ziehen lassen. Das Pesto in kleine Gläser füllen und mit Öl bedecken. Im Kühlschrank hält es sich so gut 1 Woche.

»DÖNER« VON DER MAISPOULARDE
mit Lazikisalat und Minze

1 **Für den Zazikisalat** die Kräuter waschen, trocken schütteln, die Blättchen bzw. Spitzen abzupfen und fein schneiden. Den Knoblauch schälen und in feine Scheiben schneiden. Die Gurken waschen und längs mit dem Sparschäler in dünne Streifen schneiden. Die Römersalatherzen waschen, putzen, trocken schütteln und längs vierteln. Gurken und Salat mit Joghurt, Zitronensaft, Salz, Pfeffer aus der Mühle und Knoblauch mischen.

2 **Für das Fleisch** den Ofen auf 180 °C vorheizen. Olivenöl und »Grillwunder für Geflügel« vermischen. Die Maispoulardenbrüste trocken tupfen, zwischen zwei Lagen Frischhaltefolie etwas dünner klopfen und rundherum mit der Marinade einpinseln. Von beiden Seiten in einer Pfanne ohne zusätzliches Fett bei starker Hitze insgesamt 3–4 Min. anbraten. Das Fleisch im Ofen in ca. 10 Min. fertig garen, dabei zwischendurch mit Marinade bepinseln. Das Fleisch herausnehmen, in feine Scheiben schneiden und salzen.

3 **Für die Fertigstellung** den Feta sehr fein zerbröseln und mit dem griechischen Joghurt glatt rühren. Die Limette heiß abwaschen, trocknen, die Schale abreiben und den Saft auspressen. Beides unter die Fetacreme rühren und diese mit Salz und Pfeffer abschmecken.

4 **Die Kräuter** unter den Zazikisalat rühren. Das Fladenbrot vierteln. Die Viertel von der Spitze her auf-, aber nicht durchschneiden. (Dönertaschen, falls verwendet, aufschneiden.) Jeweils etwas Fetacreme darin verstreichen und ein paar Poulardenbrustscheiben hineinfüllen. Den »Döner« mit dem Zazikisalat servieren.

SELBST GEBACKENE DÖNERTASCHEN

1 TL Zucker und 20 g frische Hefe in 150 ml lauwarmem Wasser verrühren und 10 Min. stehen lassen. 1 EL Ghee (Bio- oder Asienladen) schmelzen und etwas abkühlen lassen. 200 g Weizenmehl (Type 550) in eine Schüssel geben. Ghee, Hefemischung und 1 TL Salz zugeben und alles mit den Knethaken zu einem glatten Teig verarbeiten. Abgedeckt an einem warmen Ort 1 Std. gehen lassen. Den Teig vierteln, jedes Teigstück auf der bemehlten Arbeitsfläche erst zu einer Kugel, dann zu einem Fladen formen. Mit Mehl bestäuben. Wenig Ghee in einer beschichteten Pfanne erhitzen. Die Fladen nacheinander in je 2–3 Min. pro Seite goldbraun backen, warm aufschneiden und füllen.

Zubereitung: ca. 45 Min.

FÜR DEN ZAZIKISALAT
4 Stängel Minze
4 Stängel Dill
1 Zehe junger Knoblauch
4 Minigurken
2 Römersalatherzen
140 g Naturjoghurt
2 EL Zitronensaft

FÜR DAS FLEISCH
4 EL Olivenöl
2 EL Gewürzmischung »Grillwunder für Geflügel« (siehe Tipp S. 171)
4 Maispoulardenbrüste (ersatzweise Hähnchenbrüste)

AUSSERDEM
Meersalz | schwarzer Pfeffer
100 g Schafskäse (Feta)
200 g griechischer Sahnejoghurt
1 Bio-Limette
1 kleines Fladenbrot (türkischer Laden) oder selbst gebackene Dönertaschen (siehe Tipp)

TAGLIATA VOM RIND
mit Rucola und Parmesan

Der italienische Klassiker: Gerade im Sommer gibt es kaum etwas Besseres als diese puristische Kombination von Steak und Salat. Besonders gut schmeckt das Fleisch vom Grill.

1 Das Fleisch 1 Std. vor der Zubereitung aus dem Kühlschrank nehmen, damit es Zimmertemperatur annehmen kann.

2 Den Backofen auf 80 °C vorheizen. Die Knoblauchzehen ungeschält leicht andrücken. Die Kräuter waschen und trocken schütteln. Die Basilikumblättchen abzupfen, sehr große etwas kleiner zupfen. Den Rucola verlesen, waschen und trocken schleudern. Die Kirschtomaten waschen und vierteln. Die Zitrone heiß abwaschen und trocknen. Die Schale fein abreiben und den Saft auspressen.

3 Das Fleisch trocken tupfen und auf beiden Seiten mit 1 EL Olivenöl einpinseln. Eine Grillpfanne sehr heiß werden lassen und das Fleisch darin von beiden Seiten je 2–3 Min. scharf anbraten, danach vom Herd nehmen. Rosmarinzweige und Knoblauchzehen dazugeben, das Fleisch mit 1 weiteren EL Olivenöl beträufeln und im Ofen (Mitte) in 5–7 Min. fertig garen.

4 In einer Schüssel Basilikumblättchen, Rucola und Kirschtomatenviertel mit Zitronensaft und -schale, mit dem Aceto balsamico, bestem Olivenöl und Salz und Pfeffer mischen. Den Salat auf vier Tellern anrichten.

5 Das Fleisch aus dem Ofen nehmen, von beiden Seiten mit Fleur de Sel und Pfeffer würzen und in dünne Scheiben schneiden. Das Fleisch auf dem Salat verteilen und den Parmesan dünn darüberhobeln.

Zubereitung: ca. 30 Min.

2 Rumpsteaks à 300 g
2 Knoblauchzehen
2 Zweige Rosmarin
4 Stängel Basilikum
100 g Rucola
12 Kirschtomaten
½ Bio-Zitrone
2 EL Olivenöl
5 TL alter Aceto balsamico
4 EL bestes Olivenöl
Meersalz | schwarzer Pfeffer
Fleur de Sel
40 g Parmesan

Zeit für den besonderen
GENUSS

Manchmal darf es einfach ein bisschen mehr sein. Weil es etwas zu feiern gibt, weil Gäste kommen oder einfach nur, weil man es sich verdient hat. Wer gerne beim Kochen und Essen entspannt, findet hier reichlich Ideen für viel Genuss. Vorspeise oder Dessert gefällig? Bitte schön: am Kapitelanfang beziehungsweise -ende. Salute!

GEWÜRZENTENTEE
mit Zwetschgen und Miso

Tee aus der Suppentasse: Dieses leichte Geschmackswunder mit seinen intensiven Aromen macht die Zunge hellwach für das, was da noch kommt.

1 Madeira und Sherry in einem Topf aufkochen und auf etwa die Hälfte einkochen lassen. Fond zugeben, alles erneut aufkochen und bei mittlerer Hitze auf ca. 500 ml einkochen lassen.

2 Inzwischen die Zitrone heiß abwaschen, trocknen, die Schale abreiben und den Saft auspressen. Den Ingwer schälen, fein reiben und mit Zitronensaft und -schale mischen. Die Zwetschgen waschen, halbieren, entsteinen und in der Zitronensaftmischung mind. 1 Std. marinieren.

3 In der Zwischenzeit den Lauch putzen, längs aufschlitzen und gründlich waschen. Nur das Weiße in sehr feine Streifen schneiden (den Rest anderweitig verwenden). Die Champignons putzen, falls nötig mit einem feuchten Küchentuch abreiben und in feine Scheiben hobeln. Die Entenbrüste in Würfel schneiden. Die Sojabohnensprossen abspülen und abtropfen lassen. Die Bambussprossen abgießen, abtropfen lassen und in feine Streifen schneiden. Das Thai-Basilikum waschen, trocken schütteln, die Blättchen abzupfen und beiseitelegen.

4 Gewürze und Teeblätter in eine Teefiltertüte füllen und mit Küchengarn zubinden. Das Gewürzsäckchen in den heißen Entenfond hängen und ca. 3 Min. bei schwacher Hitze ziehen lassen. Das Gewürzsäckchen herausnehmen und den Ententee mit Salz, Pfeffer und Misopaste abschmecken.

5 Die marinierten Zwetschgen in Streifen schneiden und mit den Entenbrustwürfeln, dem vorbereiteten rohen Gemüse und den Sprossen in vier vorgewärmte Teller geben. Den kochend heißen Ententee angießen und alles mit dem gezupften Thai-Basilikum garnieren.

Zubereitung: ca. 1 Std.
Marinieren: 1 Std.

50 ml Madeira
50 ml Sherry
800 ml Entenfond
½ Bio-Zitrone
20 g frischer Ingwer
4 Zwetschgen
1 Stange Lauch
4 braune Champignons
2 heiß geräucherte Entenbrüste
   (beim Metzger vorbestellen)
50 g frische Sojabohnensprossen
50 g eingelegte Bambussprossen
   (Asienladen)
4 Stängel Thai-Basilikum
je 1 TL Pimentkörner und
   schwarze Pfefferkörner
2 Zimtblüten (ersatzweise
   ½ Zimtstange)
2 Kardamomkapseln
2 Gewürznelken
½ Vanilleschote
2 TL Darjeeling-Teeblätter
Meersalz | schwarzer Pfeffer
1 TL helle Misopaste

GEMÜSETATAR
mit Avocado und Koriandercreme

1 **Für die Koriandercreme** den eingelegten Ingwer fein hacken. Den frischen Ingwer schälen und fein reiben. Die Kräuter waschen, trocken schütteln und die Blättchen fein hacken. Die Knoblauchzehe schälen und fein hacken. Die saure Sahne mit Crème fraîche, Ahornsirup und Limettensaft verrühren. Beide Ingwersorten, Knoblauch und die gehackten Kräuter untermischen und die Koriandercreme mit Salz, Piment d'Espelette sowie der Gewürzmischung abschmecken.

2 **Für das Gemüsetatar** Kirschtomaten und Tomaten überbrühen, kalt abschrecken und häuten. Kirschtomaten mit Aceto balsamico mischen und beiseitestellen. Tomaten vierteln, Stielansätze sowie Kerne entfernen und das Fruchtfleisch fein würfeln. Auberginenhälfte, Fenchel, Sellerie, Paprika und Zucchino waschen, putzen (etwas Fenchelgrün aufbewahren) und getrennt in kleine Würfel schneiden. Die Avocado halbieren, entkernen, schälen und würfeln. Die Oliven entsteinen und fein hacken.

3 **Die Limettenhälfte** heiß abwaschen, trocknen und die Schale abreiben. Knoblauch und Schalotte schälen, fein hacken und in einer Pfanne in dem Öl bei mittlerer Hitze kurz andünsten. Die Auberginenwürfel zugeben und ca. 3 Min. mitbraten. Dann Fenchel, Staudensellerie, Paprika und Zucchino zugeben und ca. 3 Min. unter Rühren mit anschwitzen. Die Pfanne vom Herd nehmen und Tomatenwürfel, Avocadowürfel und Oliven untermischen. Das Gemüse mit Salz, Pfeffer und Limettenschale abschmecken.

4 **Das Gemüsetatar** mit der Koriandercreme mischen und lauwarm oder kalt mithilfe eines Anrichterings auf vier Tellern anrichten. Die Kirschtomaten daraufsetzen und mit Fenchelgrün garnieren.

Zubereitung: ca. 30 Min.

FÜR DIE KORIANDERCREME
50 g eingelegter Ingwer (Gari, Asienladen)
20 g frischer Ingwer
je 4 Stängel Koriandergrün und Basilikum | 1 Knoblauchzehe
3 EL saure Sahne
2 EL Crème fraîche
1 TL Ahornsirup
1–2 TL Limettensaft
Piment d'Espelette
1 TL Gewürzmischung »Curryliebe Anapurna« (siehe Tipp S. 81)

FÜR DAS GEMÜSETATAR
12 Kirschtomaten
3 aromatische Tomaten
1 EL Aceto balsamico bianco
½ Aubergine | 1 Fenchelknolle
1 Stange Staudensellerie
je 1 kleine rote und gelbe Paprikaschote
1 kleiner Zucchino | 1 Avocado
8 große grüne Oliven (am besten Bella di Cerignola)
½ Bio-Limette
½ Knoblauchzehe
1 Schalotte | 2 EL Olivenöl

AUSSERDEM
Meersalz | schwarzer Pfeffer
Anrichtering

RUCOLA-MACADAMIA-SALAT
mit Lammfilet und Aprikosen-Salsa

1 **Für die Salsa** die Chilischote längs halbieren, Stiel und Samen entfernen, die Schote waschen und in feine Streifchen schneiden. Orange und Zitrone heiß abwaschen, trocknen, die Schale abreiben und den Saft auspressen. Saft und Schale mit Chili, Aceto balsamico, Honig, Fischsauce und Weißwein in einen Topf geben, aufkochen und bei schwacher Hitze ca. 15 Min. offen köcheln lassen.

2 **In der Zwischenzeit** die Aprikosen waschen, halbieren, entkernen und jede Hälfte noch einmal halbieren. Das Basilikum waschen, trocken schütteln, die Blättchen abzupfen und fein schneiden. Knoblauch und Zwiebel schälen und fein würfeln. Beides mit den Aprikosenstücken zum Sud geben und ca. 2 Min. mitkochen. Pfefferbeeren und Basilikum unterrühren und die Salsa auskühlen lassen.

3 **Für das Lamm** den Thymian waschen, trocken schütteln und die Blättchen abzupfen. Die Anissamen grob mörsern. Beides mit Olivenöl, Salz und Pfeffer mischen. Die Lammfilets trocken tupfen und mit der Marinade einreiben. Das Fleisch zugedeckt 2 Std. marinieren lassen.

4 **Den Rucola** verlesen, waschen und trocken schleudern. Die Macadamianüsse hacken. Aus Nussöl, Zitronensaft und Ahornsirup ein Dressing rühren und mit Salz und Pfeffer abschmecken.

5 **Die marinierten** Lammfilets leicht trocken tupfen. Eine Grillpfanne stark erhitzen und die Filets darin 2–3 Min. von jeder Seite grillen. Das Fleisch in Alufolie wickeln und kurz ruhen lassen.

6 **Den Rucola** mit dem Zitronendressing marinieren. Die Lammfilets schräg aufschneiden. Rucola und Fleisch auf vier Teller verteilen, die Macadamianüsse darüberstreuen und die Aprikosen-Salsa dazu servieren.

GUT VORZUBEREITEN

Die Salsa lässt sich gut vorbereiten. Kochend heiß in ein heiß ausgespültes Glas mit Twist-off-Deckel gefüllt, hält sie sich 2 Wochen im Kühlschrank.

Zubereitung: ca. 30 Min.
Marinieren: 2 Std.

FÜR DIE SALSA
1 frische rote Chilischote
1 Bio-Orange
1 Bio-Zitrone
200 ml Aceto balsamico bianco
5 EL Honig
1 EL Fischsauce (Asienladen)
200 ml Weißwein
500 g Aprikosen
½ Bund Basilikum
1 Knoblauchzehe
½ rote Zwiebel
10 rosa Pfefferbeeren (Schinus)

FÜR LAMM UND SALAT
½ Bund Zitronenthymian
1 EL Anissamen
3 EL Olivenöl
6 Lammfilets
1 Bund Rucola
60 g Macadamianüsse
3 EL Macadamianussöl (ersatzweise anderes Nussöl)
1 EL Zitronensaft
1 EL Ahornsirup

AUSSERDEM
Meersalz | schwarzer Pfeffer

SCHARFE TOMATEN-PAPRIKA-SUPPE
mit Miesmuscheln

1 **Für die Muscheln** die Schalotten schälen und würfeln. Den Knoblauch ungeschält leicht andrücken. Den Thymian waschen und trocken schütteln. Die Muscheln unter kaltem Wasser abbürsten und die Bärte entfernen.

2 **In einem Topf** das Olivenöl erhitzen. Schalotte, Knoblauch und Thymianzweige darin anschwitzen. Muscheln und Chilischote dazugeben und alles mit Weißwein und Wermut ablöschen. Die Flüssigkeit aufkochen lassen, die Hitze herunterschalten und die Muscheln bei geschlossenem Deckel ca. 2 Min. ziehen lassen. Den Topfinhalt durch ein Sieb geben, dabei den Muschelfond auffangen. Das Muschelfleisch aus den Schalen lösen und als Suppeneinlage beiseitestellen.

3 **Für die Suppe** die Paprika vierteln, Stiel und Samen entfernen, die Viertel mit einem scharfen Sparschäler schälen und in feine Streifen schneiden. Tomaten mit kochendem Wasser überbrühen, kalt abschrecken, häuten, vierteln und Stielansätze sowie Kerne entfernen. Das Fruchtfleisch in Streifen schneiden. Schalotten und Knoblauch schälen, die Schalotten in Streifen, den Knoblauch in Scheiben schneiden.

4 **In einem Topf** das Olivenöl erhitzen. Schalotten, Knoblauch, Paprika- und Tomatenstreifen darin ca. 4 Min. bei mittlerer Hitze andünsten. Das Gemüse mit Salz und Piment d'Espelette würzen. Gemüsebrühe, 200 ml Muschelfond und Tomatensaft angießen, alles aufkochen und ca. 20 Min. zugedeckt bei schwacher Hitze köcheln lassen.

5 **In der Zwischenzeit** für die Knusperstangen den Backofen auf 180 °C vorheizen. Ein Blech mit Backpapier auslegen. Den Blätterteig auf der Arbeitsfläche nach Packungsanweisung antauen lassen. Die Platten längs in ca. 1 cm breite Streifen schneiden. Das Ei verquirlen und den Teig damit bepinseln. Die Streifen dünn mit geriebenem Parmesan und Piment d'Espelette bestreuen, jeweils an beiden Enden anfassen und mit Drehung in entgegengesetzte Richtungen verzwirbeln. Die Stangen auf das Blech legen und im Ofen (Mitte) in 10–15 Min. goldgelb backen.

6 **Den Estragon** waschen, trocken schütteln, die Blättchen abzupfen und fein schneiden. Die Suppe mit Salz und Piment d'Espelette abschmecken. Das Muschelfleisch hineingeben, die Suppe auf vier Teller verteilen und mit ein paar Tropfen Olivenöl, Estragon und Knusperstangen garnieren.

Zubereitung: ca. 1 Std.

FÜR DIE MUSCHELN
2 Schalotten
1 Knoblauchzehe
4 Zweige Thymian
1 kg Miesmuscheln
2 EL bestes Olivenöl
1 getrocknete Chilischote
150 ml Weißwein
50 ml Wermut (z. B. Noilly Prat)

FÜR DIE SUPPE
2 rote Paprikaschoten
8 aromatische Tomaten
2 Schalotten
1 Knoblauchzehe
2 EL Olivenöl
200 ml Gemüsebrühe
200 ml Tomatensaft

FÜR DIE KNUSPERSTANGEN
1 rechteckige Scheibe Blätterteig (TK)
1 Ei
50 g frisch geriebener Parmesan

AUSSERDEM
Meersalz | Piment d'Espelette
4 Stängel Estragon
bestes Olivenöl zum Beträufeln

THUNFISCHROLLE
mit mariniertem Römersalat

Sushi auf Italienisch: Diese wunderbar leichte und aromatische Vorspeise kommt ganz ohne Reis aus und stellt den Fisch in den Mittelpunkt. Umso wichtiger ist es, dass er von bester Qualität ist.

1 Für die Vinaigrette den Ingwer schälen, fein reiben und mit Zitronensaft, Ahornsirup, Wasabi, Fleur de Sel und Pfeffer verrühren. Das Olivenöl einrühren und die Vinaigrette abschmecken. Die Avocado halbieren, entkernen, schälen und fein würfeln. Die Würfel in die Vinaigrette rühren.

2 Für die Thunfischrollen den Sellerie waschen, putzen, schälen und fein würfeln. Den Apfel schälen und ohne Kerngehäuse ebenfalls fein würfeln. Den Schnittlauch waschen, trocken schütteln und ein dünne Röllchen schneiden. Von dem Thunfisch vier dünne Scheiben abschneiden, den restlichen Thunfisch fein würfeln. Die Thunfischwürfel in einer Schüssel mit Sellerie- und Apfelwürfeln, Schnittlauch, Olivenöl und Zitronensaft mischen und mit Fleur de Sel und Pfeffer abschmecken.

3 Die Thunfischscheiben zwischen zwei Lagen Frischhaltefolie legen und vorsichtig dünn klopfen. Die Folie entfernen, das Tatar auf den Scheiben verteilen und diese aufrollen. Die Rollen je nach Größe gegebenenfalls einmal quer halbieren.

4 Die Basilikumblätter waschen, trocken tupfen, in Streifen schneiden und in die Vinaigrette einrühren. Den Römersalat putzen, die Blätter ablösen, waschen und trocken schleudern. Die Blätter etwas kleiner zupfen, in der Vinaigrette wenden und auf Teller verteilen. Die Thunfischrollen daraufsetzen und die übrige Avocadovinaigrette darüberträufeln.

Zubereitung: ca. 30 Min.

FÜR DIE VINAIGRETTE
10 g frischer Ingwer
Saft von 1 Zitrone
1 TL Ahornsirup
1 Msp. Wasabipaste
Zitronen-Fleur-de-Sel (ersatzweise Fleur de Sel mit etwas abgeriebener Bio-Zitronenschale)
60 ml bestes Olivenöl
1 reife Avocado

FÜR DIE THUNFISCHROLLE
2 Stangen Staudensellerie
1 säuerlicher Apfel (z. B. Granny Smith)
1 Bund Schnittlauch
400 g Thunfischfilet
4 EL bestes Olivenöl
1 TL Zitronensaft
Fleur de Sel

AUSSERDEM
Pfeffer aus der Mühle
6 Basilikumblätter
2 Römersalatherzen

CORNELIA POLETTOS LIEBLINGSPRODUKTE

FISCH

Für mich als Hamburgerin mit italienischen Wurzeln gehört Fisch natürlich einfach dazu: Ich denke nur an die blättrige Struktur eines gedämpften Kabeljaufilets, das fleischige Aroma von rohem oder nur ganz kurz angegrilltem Thunfisch, die nordisch-salzige Note von kalt geräuchertem Lachs. All das ist aus meiner Küche nicht wegzudenken.

Aber Fisch ist viel mehr als einfach nur ein kulinarisches Allroundtalent: nämlich ein echter Glücksfall für alle, die sich und ihrem Körper etwas Gutes tun möchten. Er enthält viel Vitamin D, das besonders für den Knochenerhalt wichtig ist. Sein Eiweiß ist besonders hochwertig und leicht verdaulich, was auch bedeutet: Eine Fischmahlzeit liegt einem kaum jemals schwer im Magen. Besonderes Augenmerk aller gesundheitsbewussten Genießer gilt aber den Fetten. Gerade fettreiche Fische wie Lachs, Hering oder Thunfisch enthalten einen hohen Anteil an Omega-3-Fettsäuren, die bestimmte Blutfettwerte positiv beeinflussen und so Herz-Kreislauf-Erkrankungen vorbeugen können. Es wird daher häufig empfohlen, diese Fische regelmäßig in den Speiseplan einzubauen. Auf der anderen Seite gibt es auch viele magere Fischsorten – perfekt, um etwas üppigere Mahlzeiten auszugleichen. Dazu gehören zum Beispiel Kabeljau und Zander.

Wer ein bisschen auf die Kalorien achtet, findet in Fisch aber noch einen Vorteil: Das zarte Fleisch macht nämlich gerade pochiert (besonders raffiniert: in Gemüsesäften gegart!) oder gedämpft im wahrsten Sinne des Wortes eine gute Figur. Dann kann ich ihn zum Schluss sogar mit ein paar Tropfen bestem Olivenöl beträufeln, und er ist immer noch wunderbar leicht.

AVOCADO

Avocado? Wirklich? Ja, wirklich. Auch wenn sich manche vielleicht darüber wundern, dass ausgerechnet die fettreichste Frucht unter meinen Lieblingszutaten für die leichte Wohlfühlküche auftaucht – es gibt gute Gründe dafür. Zum einen bringen die Früchte mit dem buttrigen Fruchtfleisch zwar viel Fett mit, aber solches von der gesunden Sorte. Es enthält nämlich reichlich einfach ungesättigte Fettsäuren und kann sogar dazu beitragen, den Spiegel des »bösen« Cholesterins LDL im Blut zu senken. Außerdem lösen diese Fettsäuren im Körper schnell Sättigungssignale aus, sodass Avocados sogar dazu beitragen können, dass man weniger isst.

Ich persönlich mag die Avocado vor allem, weil sie sich so vielseitig einsetzen lässt: in Salaten, in Vorspeisen, als Brotbelag, in Dips und Saucen. Ihre cremige Textur hilft sogar dabei, Fett zu sparen: Dips werden ganz ohne Mayonnaise wunderbar cremig, und wenn ich mir Avocadoscheiben aufs Brot lege, brauche ich weder Butter noch Käse, sondern nur noch eine Prise Salz und Pfeffer. Als Extrabonus bekomme ich dabei sogar noch eine gehörige Portion gesunder Inhaltsstoffe: vor allem B-Vitamine und Folsäure.

Die meisten Avocados, die Sie im Laden finden, sind leider steinhart. Kaufen Sie trotzdem besser gleich reife, weiche Früchte, statt unreife zu Hause nachreifen zu lassen. Sie können Avocados übrigens durchaus auch in warmen Gerichten verwenden. Aber garen Sie sie nicht lange mit, sondern geben Sie sie zum Schluss dazu, denn bei längerem Erhitzen wird das Fruchtfleisch bitter. Aber zum schnellen Übergrillen eignen sie sich durchaus und zeigen sich dann noch einmal von einer ganz neuen Geschmacksseite.

ZITRONENRISOTTO
mit Kabeljau und Petersilienöl

1 **Für das Petersilienöl** die Petersilie waschen, trocken schütteln und die Blättchen abzupfen. Die Blätter mit Traubenkern- und Olivenöl mit dem Pürierstab fein pürieren. Das Petersilienöl mit Salz und Pfeffer abschmecken.

2 **Für das Risotto** die Brühe erhitzen und warm halten. Schalotten und Knoblauch schälen und fein würfeln. Das Fruchtfleisch der Salzzitrone entfernen und die Schale fein würfeln. In einem Topf 1 TL Butter aufschäumen lassen, Schalotten und Knoblauch darin anschwitzen. Reis und Salzzitronenwürfel dazugeben und 1 Min. bei mittlerer Hitze mitschwitzen. Alles mit dem Weißwein ablöschen und diesen fast vollständig einkochen lassen. So viel heiße Brühe angießen, dass der Reis knapp bedeckt ist. Das Risotto unter Rühren bei schwacher Hitze ca. 20 Min. garen, dabei immer wieder heiße Brühe zugeben, bis der Reis sämig ist, aber noch Biss hat.

3 **Inzwischen** für den Kabeljau den Backofen auf 75 °C vorheizen. Die Zitrone heiß abwaschen und trocknen. Aus der Mitte vier Scheiben schneiden (den Rest anderweitig verwenden). Den Thymian waschen und gut trocken tupfen. Den Fisch kalt abspülen und gut trocken tupfen.

4 **Das Olivenöl** in einem ofenfesten Topf auf 75 °C erhitzen. Thymian, Zitronenscheiben und Kabeljaufilet hineingeben, den Topf mit Alufolie bedecken und den Fisch im Backofen (Mitte) 10–15 Min. garen (Kerntemperatur 55 °C). Den Fisch aus dem Öl nehmen, auf Küchenpapier abtropfen lassen und von beiden Seiten mit Fleur de Sel würzen.

5 **Das Risotto** vom Herd nehmen und mit geriebenem Parmesan, kandierten Zitronenzesten, 35 g Butter in Flöckchen, Zitronensaft, Salz und Pfeffer abschmecken. Das Risotto auf vier tiefe Teller verteilen, den Kabeljau darauf anrichten und mit dem Petersilienöl beträufeln.

ZITRONENZESTEN KANDIEREN

Die Schale von 2 Bio-Zitronen mit dem Zestenreißer in Streifchen abschälen (alternativ mit einem Sparschäler dünn abschälen und in hauchfeine Streifchen schneiden). 40 g Zucker bei schwacher Hitze in einem kleinen Topf in 70 ml Wasser auflösen, die Zesten hineingeben und im Sirup 10 Min. köcheln. Zum Sofortverbrauchen die Zesten herausheben und abtropfen lassen, ansonsten mit Sirup in ein Schraubglas füllen und verschließen. Sie halten sich im Kühlschrank ca. 1 Woche. Wer keine Zeit zum Kandieren hat: Das Zitronenrisotto schmeckt auch mit frischen Zitronenzesten!

Zubereitung: ca. 1 Std.

FÜR DAS PETERSILIENÖL

200 g glatte Petersilie

50 ml Traubenkernöl

50 ml bestes Olivenöl

FÜR DAS RISOTTO

1 l Hühnerbrühe

2 Schalotten

1 Knoblauchzehe

1 Salzzitrone (siehe Tipp S. 113)

1 TL + 35 g Butter

300 g Risottoreis (am besten Carnaroli)

50 ml Weißwein

125 g frisch geriebener Parmesan

20 g kandierte Zitronenzesten (siehe Tipp)

Saft von 1 Zitrone

FÜR DEN KABELJAU

1 Bio-Zitrone

4 Zweige Zitronenthymian

4 Stücke Kabeljaufilet (à 80 g)

200 ml Olivenöl

AUSSERDEM

Meersalz | schwarzer Pfeffer

Fleur de Sel

APPELFAGOTTINI
mit Kalbsleber und Kartoffel

1 Für den Nudelteig alle Zutaten mit 1 Prise Salz in eine Schüssel geben und zu einem glatten Teig verarbeiten. Den Teig in Frischhaltefolie wickeln und mind. 1 Std. im Kühlschrank ruhen lassen.

2 Für die Füllung die Schalotten schälen und fein würfeln. Die Äpfel schälen und ohne Kerngehäuse grob zerteilen. Die Kräuter waschen und trocken schütteln. Die Schalotten in einem Topf in der Butter glasig anschwitzen. Apfelstückchen zugeben, mit Zucker bestreuen und bei mittlerer Hitze leicht karamellisieren lassen. Kräuterzweige, Calvados und Weißwein zufügen und die Flüssigkeit fast komplett einkochen lassen. Die Apfelstücke zugedeckt bei schwacher Hitze in ca. 10 Min. weich garen. Kräuterzweige entfernen, die Apfelmischung mit dem Pürierstab grob mixen, salzen und pfeffern. Abkühlen lassen.

3 Den Nudelteig mithilfe der Nudelmaschine dünn ausrollen. Die Nudelbahn in Quadrate von ca. 8 cm schneiden. Jeweils 1 EL Apfelpüree in die Mitte setzen und die Ränder dünn mit Eiweiß bepinseln. Alle vier Teigspitzen zusammen hochziehen und die Ränder verschließen. Die fertigen Täschchen auf ein mit Hartweizengrieß bestreutes Brett setzen.

4 Für die Kartoffelmousseline die Kartoffeln ungeschält in Salzwasser in ca. 15 Min. weich kochen. Die Kartoffeln abgießen, pellen und durch eine Presse in einen Topf drücken. Das Kartoffelmus bei schwacher Hitze ca. 5 Min. ausdämpfen lassen. Die Milch mit Salz, Pfeffer und Muskatnuss aufkochen. Die Butter würfeln und nach und nach unter die Kartoffeln rühren, dann langsam die Milch dazugeben. Die Mischung salzen, pfeffern und durch ein Sieb streichen.

5 Für die Kalbsleber den Salbei waschen und trocken tupfen. In einem Topf reichlich Salzwasser aufkochen. Die Apfelfagottini ins siedende Wasser geben. Die Hitze reduzieren und die Fagottini in 3–4 Min. gar ziehen lassen, dann mit einem Schaumlöffel herausheben. Für die Kalbsleber die Kalbsjus aufkochen. Butter und Olivenöl in einer Pfanne aufschäumen lassen. Die Kalbsleberscheiben mit den Salbeizweigen hineinlegen, die Leber von beiden Seiten je 2–3 Min. braten, salzen und pfeffern.

6 Auf vier Tellern jeweils einen Ring von Kartoffelmousseline ziehen. Jeweils eine gebratene Leberscheibe daraufsetzen, mit Kalbsjus glasieren und darauf die Fagottini geben. Nach Wunsch mit gerösteten Knusperzwiebeln und einem gebratenen Salbeiblatt garnieren.

Zubereitung: ca. 1 Std.
Ruhen: 1 Std.

FÜR DEN NUDELTEIG
125 g Weizenmehl (Type 405)
75 g Hartweizengrieß
2 Eier (Größe M)

FÜR DIE FÜLLUNG
2 Schalotten | 4 säuerliche Äpfel
je 1 Zweig Rosmarin und
   Thymian
2 EL Butter | 1 EL Zucker
4 cl Calvados
150 ml Weißwein

**FÜR DIE KARTOFFEL-
MOUSSELINE**
400 g aromatische festkochende
   Kartoffeln (z. B. La Ratte)
125 ml Milch
frisch geriebene Muskatnuss
50 g eiskalte Butter

FÜR DIE KALBSLEBER
4 Zweige Salbei
150 ml Kalbsjus
1 EL Butter | 1 EL Olivenöl
8 dünne Scheiben Kalbsleber

AUSSERDEM
Meersalz | schwarzer Pfeffer
Hartweizengrieß zum
   Verarbeiten | 1 Eiweiß
Röstzwiebeln zum Garnieren

PASTA MIT CON-FIERTER POULARDE
und Trüffel

1 **Den Backofen** auf 80 °C vorheizen. Die Kräuter waschen und gut trocken tupfen. Die Knoblauchknolle horizontal halbieren. Die Brüste der Poularde auslösen und zugedeckt kalt stellen. Die Keulen abschneiden. (Die Poulardenkarkasse anderweitig verwenden, zum Beispiel, um Geflügelfond daraus zu kochen.)

2 **Die Keulen** salzen und pfeffern. In einer Pfanne 1 EL Gänseschmalz erhitzen und die Keulen darin bei starker Hitze ca. 6 Min. von allen Seiten anbraten. Das restliche Schmalz in einem Bräter mit je 2 Rosmarin- und Thymianzweigen und dem Knoblauch auf 80 °C erhitzen. Die Poulardenkeulen hineinlegen und im Ofen (Mitte) ca. 3 Std. confieren, bis sich das Fleisch leicht vom Knochen lösen lässt.

3 **Knoblauch** und Kräuter entfernen. Die Keulen auskühlen lassen und die Haut abziehen. Das Fleisch vom Knochen zupfen und beiseitestellen.

4 **Den Backofen** erneut auf 160 °C vorheizen. Die Steinpilze putzen und vorsichtig mit einem feuchten Tuch reinigen, dann je nach Größe halbieren oder in Scheiben schneiden. Die Petersilie waschen, trocken schütteln und die Blättchen hacken. Die Poulardenbrüste salzen und pfeffern. 1 EL von dem zum Confieren verwendeten Gänseschmalz in einer Pfanne erhitzen. Die Poulardenbrüste darin bei starker Hitze auf der Hautseite 5 Min. anbraten, wenden und auf der Fleischseite weitere 2 Min. braten. Die Brüste mit den übrigen Kräuterzweigen in eine feuerfeste Form geben und im Ofen in 10–15 Min. fertig garen (Kerntemperatur 58 °C).

5 **Die Butter** in einer Pfanne aufschäumen lassen, die Steinpilze darin 5 Min. bei mittlerer Hitze anbraten, salzen und pfeffern. Das abgezupfte Keulenfleisch dazugeben und alles mit Geflügelfond und Trüffelsaft ablöschen. Die Flüssigkeit auf die Hälfte einkochen lassen.

6 **Die Tagliatelle** in reichlich kochendem Salzwasser nach Packungsanweisung al dente garen, abgießen, zu den Steinpilzen geben und in der Pfanne durchschwenken. Die Pasta mit Salz und Pfeffer abschmecken, die Petersilie unterheben und auf vorgewärmte tiefe Teller verteilen. Die Poulardenbrüste in jeweils sechs dünne Scheiben schneiden und auf die Tagliatelle geben. Trüffel und Parmesan dünn darüberhobeln.

Zubereitung: ca. 45 Min.
Garen: ca. 3 Std.

- je 4 Zweige Rosmarin und Thymian
- 1 junge Knoblauchknolle
- 1 Poularde (möglichst aus Bresse; ca. 1,8 kg)
- Meersalz | schwarzer Pfeffer
- 300 g Gänseschmalz
- 100 g kleine, feste Steinpilze
- 4 Stängel glatte Petersilie
- 1 EL Butter
- 150 ml dunkler Geflügelfond
- 50 ml Trüffelsaft (Feinkostladen oder Internetversand)
- 400 g Tagliatelle
- 20 g schwarzer Trüffel (möglichst aus Norcia)
- 50 g Parmesan am Stück

SCHMALZ AUF VORRAT

Sie können das übrige Gänseschmalz durch ein feines Sieb gießen und im Kühlschrank in einem verschlossenen Behältnis wochenlang aufbewahren. Es eignet sich wunderbar, um damit Geflügel zu braten.

RATATOUILLE-ARTISCHOCKE
mit Tomatensauce

Dieses Gericht feiert den Reichtum sommerlicher Gemüsesorten. Durch die Zubereitung im Ofen behält die Ratatouille einen schönen Biss.

1 Den Backofen auf 220 °C vorheizen. Die Kirschtomaten waschen, halbieren und in die Fettpfanne des Backofens geben. Die Kräuter waschen, trocken schütteln, die Blättchen bzw. Nadeln abzupfen und fein schneiden. Den Knoblauch schälen und in feine Scheibchen schneiden. Die Chilis zerbröseln und darüberstreuen. Die Tomaten salzen, pfeffern und mit der Hälfte der Kräuter bestreuen. Honig und Olivenöl darüberträufeln und alles im Ofen (Mitte) 35–40 Min. rösten. Dabei gelegentlich umrühren.

2 In der Zwischenzeit in einer Schüssel den Zitronensaft mit reichlich Wasser mischen. Die Stiele der Artischocken mit einem Sägemesser knapp unter dem Boden sowie die äußeren Blätter direkt über dem Boden abschneiden. Mit einem kleinen Messer den Boden am Stielansatz von holzigen Stellen befreien. Das »Heu« mit einem Löffel herauskratzen. Die geputzten Böden in das Zitronenwasser legen, damit sie nicht dunkel anlaufen.

3 Aubergine und Zucchino waschen, putzen und in mundgerechte Stücke schneiden. Die Paprikaschoten vierteln, Stiel, Samen und Scheidewände entfernen, die Schoten mit einem scharfen Sparschäler schälen und ebenfalls in Stücke schneiden. Die Perlzwiebeln schälen.

4 Die Ofenhitze auf 200 °C reduzieren. Die gebackenen Tomaten durch die Flotte Lotte in einen Topf pürieren. Die Fettpfanne auswischen, das vorbereitete Gemüse inklusive der Artischockenböden darauf verteilen, salzen und pfeffern. Die übrigen Kräuter darauf verteilen. Das Gemüse im Ofen (Mitte) ca. 30 Min. garen.

5 Die Tomatensauce noch einmal aufkochen und mit Salz und Pfeffer abschmecken. Das Gemüse in die Artischockenböden füllen und mit der Tomatensauce servieren.

Zubereitung: ca. 1 Std. 20 Min.

750 g Kirschtomaten
je 8 Zweige Thymian und
  Rosmarin
1 Knoblauchzehe
1–3 getrocknete Chilischoten
  (je nach gewünschter Schärfe)
Meersalz | schwarzer Pfeffer
1 TL flüssiger Honig
2 EL Olivenöl
Saft von 1 Zitrone
4 große Artischocken
1 Aubergine
100 g Zucchini
je 1 rote und gelbe Paprikaschote
200 g Perlzwiebeln

BRANZINO AUS DEM OFEN
mit geschmolzenen Kirschtomaten

1 Den Backofen auf 160 °C vorheizen. Die Kartoffeln 10–15 Min. in kochendem Salzwasser garen.

2 In der Zwischenzeit den Staudensellerie schälen. Die Paprikaschoten vierteln, Stiel, Samen und Scheidewände entfernen und die Schoten mit einem scharfen Sparschäler schälen. Die Frühlingszwiebeln putzen, waschen und mit Sellerie und Paprika in mundgerechte Stücke schneiden. Die Kirschtomaten waschen, in einen großen Bräter setzen und leicht zerdrücken. Den Zucker darüberstreuen.

3 Die Kartoffeln abgießen und ungeschält in 2–3 cm dicke Scheiben schneiden. Die Scheiben mit dem übrigen Gemüse auf den Kirschtomaten verteilen. Die Knoblauchknolle horizontal halbieren und daraufsetzen. Das Gemüse leicht salzen und pfeffern. Die Kaffir- und Lorbeerblätter andrücken und mit den Oliven dazugeben. Weißwein und Brühe angießen.

4 Die Limette heiß waschen und achteln. Die Kräuter waschen und trocken schütteln. Die übrigen 4 Knoblauchzehen ungeschält leicht andrücken. Die Wolfsbarsche waschen, gut trocken tupfen und auf beiden Seiten mit einem Messer mehrmals einritzen. Die Fische innen und außen salzen und pfeffern. Jeweils 1 angedrückte Knoblauchzehe, 2 Limettenspalten, 1 Thymianzweig und 1 Petersilienstängel in die Bauchhöhle geben.

5 Die Wolfsbarsche auf das Gemüse legen, mit dem Olivenöl beträufeln und im Ofen 20–30 Min. garen. Sie sind fertig, wenn sich die Rückenflosse mühelos herausziehen lässt.

6 Inzwischen die Basilikumblättchen abzupfen und fein schneiden. Nach Ende der Garzeit die Fische tranchieren und mit Fleur de Sel und Pfeffer würzen. Das Gemüse ebenfalls mit Salz und Pfeffer abschmecken und mit dem fein geschnittenen Basilikum servieren.

Zubereitung: ca. 40 Min.

250 g kleine festkochende Kartoffeln (z. B. La Ratte)
Meersalz
4 Stangen Staudensellerie
2 rote Paprikaschoten
400 g Kirschtomaten
1 EL Vollrohrzucker
1 Bund Frühlingszwiebeln
1 junge Knoblauchknolle + 4 Knoblauchzehen
Pfeffer aus der Mühle
6 Kaffirlimettenblätter (Asienladen)
2 Lorbeerblätter
4 EL Taggiasca-Oliven in Öl (ersatzweise schwarze Oliven)
50 ml Weißwein
250 ml Hühner- oder Gemüsebrühe
1 Bio-Limette
4 Zweige Thymian
4 Stängel glatte Petersilie
1 Bund Basilikum
4 küchenfertige Wolfsbarsche (à ca. 350 g)
100 ml bestes Olivenöl

AUSSERDEM
Fleur de Sel zum Bestreuen

LACKIERTER KABELJAU
mit Limettendip

1 **Für den Kabeljau** alle Zutaten bis auf den Fisch in einen Topf geben, aufkochen und so lange bei schwacher Hitze köcheln lassen, bis sich der Zucker aufgelöst hat. Die Marinade in eine Schale geben und auskühlen lassen. Die Kabeljaufilets kalt abwaschen, trocken tupfen und in die Marinade legen. Die Schale mit Frischhaltefolie abdecken und den Fisch mind. 3 Std. (oder über Nacht) im Kühlschrank marinieren.

2 **Inzwischen** für den Limettendip die Limette heiß abwaschen, trocknen, die Hälfte der Schale abreiben und den Saft auspressen. Limettensaft und Limettenschale mit Crème fraîche, Schmand und Sesamöl verrühren. Die Kräuter waschen, trocken schütteln und die Blättchen abzupfen. Ein paar Basilikumblättchen zum Garnieren beiseitelegen. Die übrigen Kräuter fein schneiden, unter die Creme rühren und den Dip zum Schluss mit Salz und Pfeffer abschmecken.

3 **Den Backofengrill** auf 280 °C (oder höchste Stufe) vorheizen. Den Kabeljau aus der Marinade nehmen, vorsichtig trocken tupfen und mit der Hautseite nach unten auf ein Backblech setzen.

4 **Die Marinade** durch ein Sieb passieren und in einem kleinen Topf sirupartig einkochen lassen. Den Fisch im Ofen ca. 5 Min. garen, dabei ein- bis zweimal mit der Marinade bepinseln.

5 **Vier Teller** mit je einem breiten Pinselstrich Marinade bestreichen und den Kabeljau daraufsetzen. Den Fisch mit dem Dip anrichten und mit dem Thaibasilikum dekorieren. Dazu passt gedämpfter Basmatireis.

DAZU: SPARGELSALAT

Für 4 Portionen 30 g eingelegten Ingwer (Gari, Asienladen) fein hacken. 1 Knoblauchzehe schälen und im Ganzen mit dem Saft von 2 Zitronen, gehacktem Ingwer und 1 EL Ahornsirup in einem kleinen Topf auf etwa 4 EL einkochen. Die Mischung abkühlen lassen und durch ein Sieb gießen. Die Zitronenreduktion mit 6 EL Olivenöl verquirlen und mit Meersalz, schwarzem Pfeffer und Piment d'Espelette abschmecken. 16 grüne Spargelstangen waschen, putzen, nur im unteren Drittel schälen und in dünne Streifen hobeln. Die Streifen mit der Zitronenvinaigrette marinieren. ½ Bund Thai-Basilikum waschen, trocken schütteln, die Blättchen fein schneiden und unterheben.

Zubereitung: ca. 30 Min.
Marinieren: 3 Std.

FÜR DEN KABELJAU

3 EL Mirin (süßer Reiswein, Asienladen)

3 EL Sake (Reiswein, Asienladen)

30 g weiße Misopaste

4 EL Vollrohrzucker

6 EL Sojasauce

1 EL fein geriebener Ingwer

1 EL Erdnussöl

4 Kabeljaufilets mit Haut à 200 g

FÜR DEN LIMETTENDIP

½ Bio-Limette

100 g Crème fraîche

100 g Schmand

1 TL geröstetes Sesamöl

3 Stängel Thai-Basilikum

4 Stängel Koriandergrün

AUSSERDEM

Meersalz | schwarzer Pfeffer

GESPICKTER SEETEUFEL
mit gelber Linsensauce

1 **Für die Linsensauce** das Zitronengras von äußeren Hüllblättern befreien, nur das untere Drittel mit dem Messerrücken etwas weicher klopfen und in feine Ringe schneiden. Das Koriandergrün waschen und trocken schütteln. Die Linsen waschen. Schalotte und Knoblauch schälen und fein würfeln.

2 **Das Olivenöl** in einem Topf erhitzen. Knoblauch, Schalotte und Zitronengras darin anschwitzen. Die Linsen dazugeben und die Mischung mit Wermut ablöschen. Die Gemüsebrühe angießen. Chilischote, Koriandergrün, Curry und Lorbeer zufügen, alles aufkochen und bei schwacher Hitze ca. 10 Min. köcheln lassen, bis die Linsen al dente sind. 4 große EL Linsen abnehmen und beiseitestellen.

3 **Die übrigen Linsen** ca. 10 Min. weiterköcheln lassen, bis sie sehr weich sind. Chili und Lorbeerblatt entfernen und die Linsen mit einem Pürierstab pürieren und durch ein feines Sieb passieren. Die Limette heiß abwaschen, trocknen, den Saft auspressen und die Schale fein abreiben. Die Linsensauce mit Limettensaft und -schale, Salz und Pfeffer abschmecken. Die zuvor abgenommenen Linsen einrühren und die Sauce warm halten.

4 **Für das Gemüse** die Frühlingszwiebeln putzen, waschen und die dunkelgrünen Enden abschneiden. Den Pak-Choi putzen, waschen und halbieren. Die Shiitakepilze vierteln. Die Erbsensprossen waschen und in einem Sieb abtropfen lassen.

5 **Für den Seeteufel** den Ofen auf 180 °C vorheizen. Den Fisch sauber parieren. Den Rosmarin waschen und trocken tupfen, in einzelne Spitzen teilen. Den Knoblauch schälen und in Stifte schneiden. Das Seeteufelfilet abwechselnd mit den Knoblauchstiften und Rosmarinspitzen spicken. Eine Pfanne erhitzen, das Olivenöl hineingeben und den Seeteufel in insgesamt 5 Min. von allen Seiten goldgelb anbraten. In den Ofen geben und den Fisch in ca. 10 Min. fertig garen.

6 **Inzwischen** die Gemüsesorten nacheinander in einer Grillpfanne mit wenig Erdnussöl anbraten, mit Salz, Pfeffer und Dukkah würzen. Einige Erbsensprossen zum Garnieren zurückbehalten, den Rest mit den Sesamsamen zum Gemüse geben und kurz mitbraten. Das Gemüse auf den vorgewärmten Tellern anrichten. Den Seeteufel in vier Stücke schneiden, daraufsetzen und die gelbe Linsensauce angießen. Das Gericht mit den übrigen Erbsensprossen garnieren.

Zubereitung: ca. 1 Std.

FÜR DIE LINSENSAUCE
1 Stängel Zitronengras
2 Stängel Koriandergrün
125 g gelbe Linsen | 1 Schalotte
1 Knoblauchzehe | 1 EL Olivenöl
1 EL Wermut (z. B. Noilly Prat)
1,2 l Gemüsebrühe
1 kleine getrocknete Chilischote
½ EL Gewürzmischung »Curryliebe
   Kashmir« (siehe Tipp S. 81)
1 Lorbeerblatt | ½ Bio-Limette

FÜR DAS GEMÜSE
12 Frühlingszwiebeln
8 Mini-Pak-Choi
12 Shiitakepilze
1 Handvoll Erbsensprossen
2 EL Erdnussöl
Dukkah (arabische Gewürz-Nuss-
   Mischung; Internetversand)
1 EL Sesamsamen (helle und
   dunkle gemischt)

FÜR DEN SEETEUFEL
600 g Seeteufelfilet
1 Zweig Rosmarin
2 Knoblauchzehen
2 EL Olivenöl

AUSSERDEM
Meersalz | schwarzer Pfeffer

POLETTOS
GARNELENCOCKTAIL
mit Avocado und Zitrusfrüchten

1 **Für die Zitrusmarinade** Zitrone und Orange mit einem Sparschäler dünn schälen und den Saft auspressen. Die Kräuter waschen und trocken schütteln. Zitrussaft und -schale mit den Kräuterzweigen in einem Topf aufkochen und auf ein Drittel einkochen lassen. Die Marinade vom Herd nehmen und 1 Std. ziehen lassen.

2 **In der Zwischenzeit** für die Cocktailsauce Orange und Limette auspressen. Den Zitrussaft in einem Topf aufkochen und auf die Hälfte einkochen lassen, dann durch ein Sieb gießen. Inzwischen die Kräuter waschen und trocken schütteln, die Blättchen abzupfen und fein schneiden. Die Passionsfrucht halbieren, das Fruchtfleisch herauskratzen und durch ein feines Sieb streichen. Den Zitrussaft mit allen übrigen Zutaten für die Cocktailsauce verrühren und mit Salz, Piment d'Espelette und Ahornsirup abschmecken.

3 **Die Garnelen** bis auf das letzte Schwanzsegment schälen, am Rücken längs einschneiden und den schwarzen Darmfaden entfernen. Die Garnelen waschen und trocken tupfen. Die Zitronenthymianzweige waschen und gut trocken tupfen. Die Knoblauchzehen ungeschält andrücken. Den Salat putzen, in einzelne Blätter teilen, waschen und trocken schleudern. Das Thai-Basilikum waschen, trocken schütteln und die Blättchen abzupfen. Die Mango schälen, die Hälften vom Stein und in feine Spalten schneiden. Die Avocados halbieren, entkernen, schälen und ebenfalls in Spalten schneiden. Die Mandeln knacken, schälen und in feine Stifte schneiden.

4 **Die Zitrusfrüchtemarinade** durch ein Sieb gießen. Das Olivenöl unterrühren und die Marinade mit Salz und Piment d'Espelette abschmecken. Salatblätter, Mango und Avocadospalten vorsichtig darin wenden. Das Olivenöl in einer Pfanne erhitzen und die Garnelen darin mit Knoblauch und Thymian von beiden Seiten je 2 Min. anbraten. Den Salat mit den Garnelen auf vier Tellern anrichten und mit Mandelstiften, Basilikumblättchen und Cocktailsauce garnieren.

DIE RICHTIGE GARNELENGRÖSSE

Für dieses Rezept brauchen Sie Garnelen der Größe 8/12. Wenn Sie das Ihrem Fischhändler so sagen, dann weiß er Bescheid: Die Garnelen sollen so groß sein, dass 8 bis 12 Stück ungefähr 450 Gramm (also ein englisches Pfund) wiegen.

Zubereitung: ca. 45 Min.
Ziehen: 2 Std. | Für 6 Personen

FÜR DIE ZITRUSMARINADE
1 Bio-Zitrone | 1 Bio-Orange
je 4 Zweige Zitronenthymian,
 Estragon, Rosmarin
50 ml bestes Olivenöl

FÜR DIE COCKTAILSAUCE
1 Orange | 1 Limette
2 Stängel Basilikum
4 Stängel Koriandergrün
1 Passionsfrucht
2 EL Mayonnaise
50 g Crème fraîche
1 gestr. TL Gewürzmischung
 »Curryliebe Anapurna«
 (siehe S. 81)
1 TL Ahornsirup (nach Belieben)

FÜR GARNELEN UND SALAT
18 Riesengarnelen (siehe Tipp)
4 Zweige Zitronenthymian
2 Knoblauchzehen
2 Mini-Römersalate
4 Stängel Thaibasilikum
1 reife Flugmango | 2 Avocados
8 frische Mandeln (ersatzweise
 Pinienkerne) | 2 EL Olivenöl

AUSSERDEM
Meersalz | Piment d'Espelette

ORANGENZANDER MIT MOSCATO-ROSINEN
und venezianischem Gemüse

1 **Für die Garnitur** die Rosinen mit dem Moscato d'Asti aufkochen. Den Topf vom Herd nehmen und die Rosinen auskühlen lassen. Den Friséesalat putzen, waschen und trocken schleudern. Die Pinienkerne in einer Pfanne ohne Fett anrösten, bis sie duften, und abkühlen lassen.

2 **Für das venezianische Gemüse** Möhren und Selleriestangen putzen und schälen. Die Frühlingszwiebeln putzen und waschen. Das Gemüse in ca. 3 cm lange Stücke schneiden. Die Schalotten schälen und längs halbieren.

3 **Das Olivenöl** in einem Topf erhitzen. Möhren, Sellerie und Schalotten darin bei schwacher Hitze 4 Min. anschwitzen, ohne dass sie Farbe annehmen. Das Gemüse salzen, pfeffern und mit Orangensaft und Moscato d'Asti ablöschen. Alles aufkochen lassen und das Gemüse in ca. 8 Min. bissfest garen. Das fertige Gemüse in ein Sieb abgießen, dabei den Fond auffangen, wieder in den Topf geben und offen bei starker Hitze fast sirupartig einkochen lassen.

4 **Für den Zander** den Backofen auf 80 °C vorheizen. Die Fischfilets kalt abspülen und trocken tupfen. Jedes Filet vorsichtig an der dicksten Stelle längs ein-, aber nicht durchschneiden. Jeweils 1 TL Orangenmarmelade in dem Einschnitt verteilen. Den Schnittlauch in kochendem Salzwasser ca. 3 Sek. blanchieren und in Eiswasser abschrecken. Die Zanderfilets mit dem Schnittlauch zu kleinen Päckchen zusammenschnüren.

5 **In einer Pfanne** 1 EL Olivenöl und Butter erhitzen. Die Fischpäckchen darin von beiden Seiten bei mittlerer Hitze insgesamt ca. 3 Min. anbraten. Sie sollen dabei kaum Farbe annehmen. Die Fische in einer feuerfesten Form im vorgeheizten Ofen (Mitte) in 10 Min. fertig garen.

6 **Inzwischen** die Frühlingszwiebeln in einer Pfanne mit 1 EL Olivenöl ca. 4 Min. anbraten, salzen und pfeffern. Den Friséesalat kurz in dem Orangenfond wenden. Das Gemüse mit dem übrigen Fond noch einmal erhitzen und mit Salz und Pfeffer abschmecken.

7 **Zum Anrichten** Gemüse und Frühlingszwiebeln auf vier vorgewärmte Teller verteilen. Die Zanderfilets mit Fleur de Sel würzen und auf das Gemüse setzen. Das Gericht mit den Moscatorosinen, Friséesalat und gerösteten Pinienkernen garnieren.

Zubereitung: ca. 30 Min.

FÜR DIE GARNITUR
4 EL Rosinen
100 ml Moscato d'Asti (italienischer Süßwein, ersatzweise Traubensaft)
1 Handvoll Friséesalat
2 EL Pinienkerne

FÜR DAS VENEZIANISCHE GEMÜSE
1 Bund junge Möhren
1 Stange Staudensellerie
1 Bund Frühlingszwiebeln
12 Schalotten
80 ml bestes Olivenöl
300 ml Orangensaft
150 ml Moscato d'Asti (ersatzweise Traubensaft)

FÜR DEN ZANDER
4 Zanderfilets ohne Haut à 150 g
4 TL Bitterorangenmarmelade
½ Bund Schnittlauch
2 EL Olivenöl
1 EL Butter
Fleur de Sel

AUSSERDEM
Meersalz | schwarzer Pfeffer

HEILBUTT IM SCHINKENMANTEL
mit Cime di Rapa

1 **Für den Parmesanschaum** Schalotte und Knoblauch schälen und fein würfeln. Die Kräuter waschen und gut trocken tupfen. Schalotte und Knoblauch in einem Topf in der Butter glasig anschwitzen, Kräuterzweige und Risottoreis dazugeben. Alles kurz mitschwitzen, leicht salzen und mit Weißwein und Wermut ablöschen. Aufkochen und auf die Hälfte einkochen.

2 **Die Hühnerbrühe** dazugeben und alles ca. 20 Min. köcheln lassen. 50 g Sahne angießen und nochmals aufkochen. Vom Herd nehmen, den Parmesan einrühren und alles mit Salz und Pfeffer abschmecken. Die Mischung durch ein Sieb in einen kleinen Topf passieren und beiseitestellen.

3 **Für das Gemüse** in einem Topf Wasser aufkochen und kräftig salzen. Eine Schüssel mit gesalzenem Eiswasser bereitstellen. Die Cime di Rapa waschen und putzen und im Wasser in 4 Min. bissfest garen. Das Gemüse im Eiswasser abschrecken und trocken tupfen. Den Knoblauch schälen und in feine Scheiben schneiden. Die Kartoffeln schälen und 1,5 cm groß würfeln. 1 EL Olivenöl in einer Pfanne erhitzen und die Kartoffelwürfel mit den Thymianzweigen darin bei mittlerer Hitze in 10 Min. knusprig braten.

4 **Inzwischen** für den Heilbutt den Backofen auf 120 °C vorheizen. Die Schalotten schälen und in feine Würfel schneiden. 1 EL Olivenöl in einer Pfanne erhitzen, die Schalottenwürfel darin glasig anschwitzen mit Thymianblättchen, Salz und Pfeffer würzen. Die Heilbuttfilets in einer zweiten Pfanne in 2 EL Olivenöl bei mittlerer Hitze in 4 Min. goldgelb anbraten, mit der Schalottenmischung bestreichen und im vorgeheizten Backofen ca. 5 Min. garen. Den Fisch herausnehmen, vorsichtig salzen und pfeffern und in den Parmaschinken einwickeln. Den eingepackten Heilbutt im ausgeschalteten Ofen warm stellen.

5 **Zum Anrichten** den Parmesanschaum erhitzen. Die übrigen 50 g Sahne steif schlagen. In einer großen Pfanne für das Gemüse den Knoblauch in 2 EL Olivenöl anschwitzen, die Cime di Rapa zugeben und 4 Min. bei mittlerer Hitze anbraten. Das Gemüse mit Salz und Pfeffer würzen. Die Cime di Rapa auf vier vorgewärmten Tellern verteilen, die Heilbuttfilets darauf geben. Die Thymiankartoffeln darüberstreuen. Parmesanschaum und geschlagene Sahne mit dem Pürierstab aufmixen und dazu servieren.

Zubereitung: ca. 40 Min.

FÜR DEN PARMESANSCHAUM
1 Schalotte | 1 Knoblauchzehe
je 1 Zweig Rosmarin, Thymian
   und Salbei
2 TL Butter | 1 EL Risottoreis
100 ml Weißwein
50 ml Wermut (z. B. Noilly Prat)
500 ml Hühnerbrühe
100 g Sahne
5 EL frisch geriebener Parmesan

FÜR GEMÜSE UND
   KARTOFFELN
800 g Cime di Rapa (italienischer Stängelkohl, ersatzweise Brokkoli)
1 Knoblauchzehe
4 große festkochende Kartoffeln
4 Zweige Thymian

FÜR DEN HEILBUTT
4 Schalotten
1 EL Thymianblättchen
4 Heilbuttfilets ohne Haut à 150 g
8 Scheiben Parmaschinken

AUSSERDEM
Meersalz | schwarzer Pfeffer
Olivenöl zum Braten

MAIS-HÄHNCHENBRUST
mit Kichererbsen-Spinat-Salat

*Gute Nachricht für alle, die Salatessen bisher mit freudlosem Herumpicken
in langweiligen Blättchen gleichgesetzt haben: Das hier ist Salat mit Geschmack und Biss –
Gabel für Gabel ein wunderbar würziger Genuss.*

1 Das Zitronengras von äußeren Hüllblättern befreien, nur das untere Drittel mit dem Messerrücken etwas weicher klopfen und in feine Ringe schneiden. Die Zitrone heiß waschen, trocknen, die Schale abreiben und den Saft auspressen. Ingwer und Knoblauchzehen schälen und fein würfeln. Die Chilischoten längs halbieren, Stiel und Samen entfernen, die Schoten waschen und fein hacken.

2 Zitronengras, Zitronenschale, Ingwer, Knoblauch und Chili in einer Schüssel mit der Gewürzmischung und 2 EL Olivenöl verrühren. Die Maishähnchenbrüste trocken tupfen, in Streifen schneiden und mit der Marinade mischen. Das Fleisch abgedeckt 3 Std. im Kühlschrank marinieren lassen.

3 Den Zitronensaft mit Fischsauce und Zucker verrühren. Den Spinat putzen, waschen und trocken schleudern. Die Frühlingszwiebeln putzen, waschen und in feine Ringe schneiden. Den Koriander waschen, trocken schütteln und die Blättchen abzupfen.

4 In einer beschichteten Pfanne 1 EL Olivenöl bei mittlerer Hitze heiß werden lassen. Quinoa dazugeben und unter ständigem Rühren ca. 1 Min. anrösten. Den gerösteten Quinoa aus der Pfanne nehmen und in einem Mörser leicht zerstoßen.

5 Das Kokosöl in einer Pfanne stark erhitzen. Die marinierten Maishähnchenstreifen dazugeben und in ca. 4 Min. von allen Seiten kross anbraten. Die Kichererbsen dazugeben und kurz mit anbraten. Die Zitronensaft-Mischung unterrühren, die Pfanne vom Herd nehmen und alles ca. 5 Min. abkühlen lassen. Frühlingszwiebeln mit Quinoa, Korianderblättern und Babyblattspinat unter das Maishähnchen rühren. Alles mit Salz und Pfeffer abschmecken und servieren.

WÜRZIGES FÜR GEFLÜGEL

Meine Gewürzmischung »Grillwunder für Geflügel« können Sie
über das Internet bestellen.

Zubereitung: ca. 25 Min.
Marinieren: 3 Std.

- 2 Stängel Zitronengras (Asienladen)
- 1 Bio-Zitrone
- 20 g frischer Ingwer
- 2 Knoblauchzehen
- 2 frische rote Chilischoten
- 1 TL Gewürzmischung »Grillwunder für Geflügel« (siehe Tipp)
- 3 EL Olivenöl
- 700 g Maishähnchenbrust ohne Haut
- 30 ml Fischsauce (Asienladen)
- 1 TL Vollrohrzucker
- 150 g Babyblattspinat
- 1 Bund Frühlingszwiebeln
- 60 g Koriandergrün
- 120 g Quinoa
- 1 EL natives Kokosöl (Bioladen)
- 200 g gegarte Kichererbsen (selbst gekocht oder aus der Dose)

CORNELIA POLETTOS LIEBLINGSPRODUKTE

NÜSSE

Zugegeben, kalorienmäßig kommen Nüsse nicht gerade als Leichtgewichte daher, was daran liegt, dass ihr Fettgehalt je nach Sorte bei teilweise über 50 Prozent liegt. Trotzdem wird sogar Diätwilligen oft empfohlen, einfach zwischendurch mal ein paar Walnüsse oder Mandeln zu knabbern.

Ist das nicht ein Widerspruch? Nein. Nüsse und auch Samen wie Kürbiskerne, Sesam oder Sonnenblumenkerne liefern nämlich gerade Fette, die der Körper braucht, und das in besonders günstigen Zusammensetzungen. So enthalten sie sowohl Omega-3- als auch Omega-6-Fettsäuren und helfen damit, Herz-Kreislauf-Erkrankungen vorzubeugen.

Ich freue mich natürlich, dass ich das Gefühl haben kann, meinem Körper etwas Gutes zu tun, wenn ich ein paar Pekan- oder Haselnüsse esse. Aber ich liebe sie in erster Linie wegen ihres Geschmacks und ihrer knackigen Konsistenz. Essen ist schließlich nur spannend, wenn nicht alles in Breiform auf den Teller kommt, und Nüsse sorgen für spanndende Kontraste in der Textur. Zartes gedünstetes Gemüse wird gleich viel interessanter, wenn ich ein paar geröstete, grob gehackte Nüsse darüberstreue. Aber auch in Salaten wie dem Bittersalat mit Birnen (siehe S. 100) oder in Desserts sorgen sie für Crunch. Ein Löffel Nüsse oder Samen im Frühstücksjoghurt sorgt dafür, dass mir die erste Tagesmahlzeit Energie gibt und mich lange satt macht.

Um geschmacklich das Beste herauszuholen, röste ich Nüsse und Samen vor dem Verwenden eigentlich immer im Ofen oder fettfrei in der Pfanne an, oder ich kaufe sie gleich schonend vorgeröstet wie die Piemonteser Haselnüsse, die ich so gerne mag (siehe S. 41).

ZITRUSFRÜCHTE

Wenn eins in meinem Kühlschrank nie fehlen darf, dann sind das Zitronen. Gut, manchmal liegen dort stattdessen Limetten – Hauptsache, eine dieser beiden Zitrusfrüchte ist immer im Vorrat. Ihre Säure liefert immer einen kleinen Geschmackskick. Schon ein kleiner Spritzer Zitronensaft reicht oft aus, damit eine Sauce, ein Gemüsegericht oder eine Suppe viel interessanter und frischer schmeckt. Ein zitroniges Risotto wie das auf S. 150 strahlt gleich eine ganz andere Leichtigkeit aus!

Aber natürlich ist das Thema Zitrusfrüchte mit Zitronen noch längst nicht erschöpft. Auch Orangen, Mandarinen, Grapefruit und Pomelo sind gern gesehene Gäste in meiner Küche. Das Gute ist ja: Sobald die Saison meiner Sommerlieblinge, der Beeren, zu Ende geht, startet die der Zitrusfrüchte durch. Mit denen lassen sich wunderbar spannende Akzente im Essen setzen, und zwar sowohl mit Saft und Fruchtfleisch als auch mit der Schale. Das ist übrigens einer der Fälle, in denen es für mich Bio sein muss. Bei konventioneller Ware ist die Schale von Zitrusfrüchten gespritzt und behandelt, sodass man sie besser nicht mit verzehrt. Und mit ihrem hohen Gehalt an ätherischen Ölen ist sie doch mit das Beste an den Früchten!

Früher hat man Zitrusfrüchte ja häufig wegen ihres Vitamin-C-Gehalts über den grünen Klee gelobt. Inzwischen weiß man, dass Gemüsesorten wie Grünkohl oder Paprikaschoten mit mindestens doppelt so viel Vitamin C aufwarten können. Meiner Zitrusfruchtliebe tut das keinen Abbruch. Was hilft das gesündeste Gericht, wenn es nicht schmeckt? Und als Würzmittel ist die Zitrone dem Grünkohl eben doch überlegen.

CÔTE DE BOEUF
mit Süßkartoffelpüree und Gremolata

1 Das Fleisch ca. 3 Std. vor der Zubereitung aus dem Kühlschrank nehmen und trocken tupfen. Den Backofen auf 120 °C vorheizen. Die Kräuter waschen und trocknen. Den Knoblauch ungeschält etwas andrücken. Eine schwere gusseiserne Pfanne sehr heiß werden lassen und mit dem Rindertalg einpinseln. Das Fleisch salzen und von beiden Seiten ca. 5 Min. scharf anbraten. Das Fleisch auf einen Rost legen und mit Olivenöl beträufeln. Kräuter und Knoblauch darauflegen und das Kotelett im Ofen (Mitte) 30–45 Min. garen (Kerntemperatur 56 °C).

2 Inzwischen für die Gremolata die Petersilie waschen und trocken schütteln. Den Knoblauch schälen. Die Kapern kurz wässern und abtropfen lassen. Petersilie, Knoblauch, Kapern und Sardellen fein hacken. Die Zitronen heiß abwaschen, trocknen und die Schale fein abreiben. Die Kalbsjus erhitzen, alle vorbereiteten Zutaten einrühren und die Mischung mit Salz und Pfeffer abschmecken.

3 Für das Püree die Süßkartoffeln schälen, grob würfeln mit Kokosmilch, Chilischote und Salz in einem kleinen Topf in 10 Min. weich kochen. Die Kokosmilch abgießen, die Chilischote entfernen und die Süßkartoffeln fein pürieren. Das Püree mit Salz und Piment d'Espelette abschmecken und warm halten.

4 Das fertige Fleisch aus dem Ofen nehmen und 10 Min. abgedeckt bei Zimmertemperatur ruhen lassen.

5 Inzwischen für das Gemüse die Zitrone heiß abwaschen, trocknen, die Schale abreiben und den Saft auspressen. Schalotte und Knoblauch schälen und fein würfeln. Den Römersalat im Ganzen waschen, trocken schleudern und vierteln. Die Zuckerschoten waschen und putzen, in kochendem Salzwasser 3 Min. blanchieren, kalt abschrecken und abtropfen lassen. Den Minimais waschen und längs vierteln. In einer Pfanne das Olivenöl erhitzen und Salatviertel und Maiskolben darin bei mittlerer Hitze von allen Seiten 4 Min. anbraten. Schalotte, Knoblauch und Zuckerschoten dazugeben und alles 3 Min. mitbraten. Das Gemüse mit Zitronensaft und -schale, Zitronenthymian, Salz und Pfeffer abschmecken.

6 Das Kotelett mit Salt Flakes und Pfeffer würzen, vom Knochen schneiden, in Scheiben aufschneiden und mit dem Gemüse auf vier vorgewärmte Teller verteilen. Das Püree mit der Gremolata dazu servieren.

Zubereitung: ca. 45 Min.

FÜR DAS FLEISCH
1,6 kg Rinderkotelett
je 2 Zweige Rosmarin und
    Thymian
3 Knoblauchzehen
1 EL Rindertalg
bestes Olivenöl zum Beträufeln

FÜR DIE GREMOLATA
1 Bund glatte Petersilie
1 Knoblauchzehe
1 EL Kapern (in Salz)
2 Sardellen in Öl
2 Bio-Zitronen | 200 ml Kalbsjus

FÜR PÜREE UND GEMÜSE
1 kg Süßkartoffeln
500 ml Kokosmilch
1 kleine getrocknete Chilischote
Piment d'Espelette
1 Bio-Zitrone
1 Schalotte | 1 Knoblauchzehe
4 Römersalatherzen
100 g Zuckerschoten
6 Mini-Maiskolben
2 EL Olivenöl
1 EL Zitronenthymianblättchen

AUSSERDEM
Meersalz | schwarzer Pfeffer
Salt Flakes zum Bestreuen

KALBSINVOLTINI
mit Erbsen-Pfifferlings-Kasserolle

1 **Für die Involtini** Schalotten und Knoblauch schälen und fein würfeln. Die Hälfte der Speckscheiben ebenfalls fein würfeln. Den Thymian waschen, trocken schütteln, die Blättchen von 4 Zweigen abzupfen. Die Kalbsschnitzel zwischen zwei Lagen Frischhaltefolie flach klopfen. Speckwürfel, Schalotten und Knoblauch in der Butter ca. 3 Min. anschwitzen, mit Salz, Pfeffer und Thymian würzen. Die Schnitzel salzen und pfeffern, die Speckfüllung darauf verteilen und die Schnitzel von der spitzen Seite her aufrollen. Je 2 Speckscheiben nebeneinanderlegen und je ein Röllchen darin einwickeln. Die Enden abschneiden und die Involtini mit Zahnstochern fixieren.

2 **Für die Zitronen-Zabaione** die Schalotte schälen, würfeln und mit Weißwein, Essig und Pfeffer aufkochen. Alles auf die Hälfte reduzieren und durch ein Sieb in eine runde Metallschüssel passieren. Die Butter erhitzen, bis sich das Weiße absetzt, dann durch ein feines Sieb gießen.

3 **Den Backofen** auf 160 °C vorheizen. Für die Erbsen-Kasserolle Schalotte und Knoblauch schälen und fein würfeln. Die Minze waschen, trocknen und fein schneiden. Frühlingszwiebeln und Zuckerschoten putzen, waschen und hübsch klein schneiden. Zuckerschoten und Erbsen in kochendem Salzwasser ca. 4 Min. blanchieren und in Eiswasser abschrecken. Die Pfifferlinge putzen. Die Erbsensprossen waschen und abtropfen lassen. Schalotte und Knoblauch in der Butter kurz anschwitzen. Pfifferlinge und Frühlingszwiebeln zugeben und bei mittlerer Hitze 3–4 Min. mit anbraten. Das übrige Gemüse (bis auf die Erbsensprossen) zugeben, 2–4 Min. erhitzen und mit Salz, Pfeffer und Minze abschmecken.

4 **Das Butterschmalz** in einer Pfanne erhitzen und die Involtini darin mit 4 Thymianzweigen von allen Seiten insgesamt 5–8 Min. anbraten. Die Röllchen im Ofen 5–6 Min. garen (Kerntemperatur 58 °C). Herausnehmen und ca. 3 Min. ruhen lassen.

5 **Inzwischen** für die Zabaione die Zitrone heiß abwaschen, trocknen, die Schale abreiben und den Saft auspressen. Die Eigelbe in die Weißweinreduktion rühren, die Schüssel auf ein warmes Wasserbad stellen und die Eier mit dem Schneebesen schaumig aufschlagen. Die geklärte Butter zuerst tropfenweise, dann im dünnen Strahl unter ständigem Schlagen einrühren. Die Zabaione mit Salz, Pfeffer, Zitronensaft und -schale abschmecken.

6 **Das Gemüse** auf vier Tellern anrichten, die Involtini schräg aufschneiden, daraufsetzen und mit den Erbsensprossen bestreuen. Alles sofort mit der Sauce servieren.

Zubereitung: ca. 45 Min.

FÜR DIE INVOLTINI

4 Schalotten

2 Knoblauchzehen

16 Scheiben magerer Tiroler Speck

8 Zweige Thymian

4 dünne Kalbsschnitzel

1 TL Butter | 1 EL Butterschmalz

FÜR DIE ZITRONEN-ZABAIONE

1 Schalotte | 100 ml Weißwein

1 EL Aceto balsamico bianco

4 gemörserte weiße Pfefferkörner

150 g Butter

1 Bio-Zitrone | 4 Eigelb

FÜR DIE ERBSEN-PFIFFERLINGS-KASSEROLLE

1 Schalotte | 1 Knoblauchzehe

2 Stängel Minze

100 g Frühlingszwiebeln

100 g Zuckerschoten

100 g frische Erbsen (ohne Schoten gewogen)

100 g kleine Pfifferlinge

1 Handvoll Erbsensprossen

1 EL Butter

AUSSERDEM

Meersalz | schwarzer Pfeffer

Zahnstocher zum Feststecken

TATAKI VOM IBÉRICO-SCHWEIN
mit Brokkoli und Erdnüssen

1 Das Fleisch trocken tupfen, parieren und längs halbieren. Sojasauce, Walnussöl und Misopaste verrühren, mit dem Fleisch in einen Gefrierbeutel geben und die Marinade gut in das Fleisch einmassieren. Die Luft aus dem Beutel drücken und diesen gut verschließen (am besten mit einem Vakuumiergerät). Das Fleisch 4–6 Std. im Kühlschrank marinieren.

2 Währenddessen für die Misocreme Ei, Misopaste, Limettensaft und Ahornsirup in einen hohen Rührbecher geben und mit dem Pürierstab kurz vermischen. Bei laufendem Motor das Öl tropfenweise untermixen, sodass eine Mayonnaise entsteht. Die Misocreme bis zur Verwendung kalt stellen.

3 Für das Gemüse den Brokkoli waschen und in Röschen teilen (den Stiel anderweitig verwenden). Den Pak Choi putzen, waschen und halbieren. Ingwer und Knoblauch schälen und getrennt fein hacken. Koriander und Schnittlauch waschen und trocken schütteln. Die Korianderblättchen abzupfen und fein schneiden, den Schnittlauch in feine Röllchen schneiden. Die Erdnüsse ebenfalls fein hacken. Die Champignons putzen und falls nötig mit einem feuchten Küchentuch abreiben. Zwei Drittel der Pilze vierteln, die übrigen sehr fein hobeln oder schneiden und kalt stellen.

4 Den Backofen auf 120 °C vorheizen. Das marinierte Fleisch aus dem Beutel nehmen und auf dem heißen Grill oder in einer Grillpfanne von allen Seiten ca. 5 Min. scharf anbraten. Es soll dabei außen schnell braun werden. Das Fleisch 10 Min. zugedeckt im Backofen fertig garen.

5 In einer Pfanne das Erdnussöl erhitzen. Brokkoliröschen und Pak Choi darin bei starker Hitze ca. 3 Min. anbraten, sodass sie gebräunt, aber noch knackig sind. Ingwer, Knoblauch und Erdnüsse zugeben, alles mit der Brühe ablöschen, die Flüssigkeit fast vollständig einkochen lassen. Den Koriander zugeben und die Mischung falls nötig mit Salz nachwürzen. Das Gemüse warm halten.

6 In einer zweiten Pfanne Olivenöl erhitzen, die Champignonviertel darin bei mittlerer Hitze ca. 3 Min. anbraten, mit Fisch- und Sojasauce würzen. Den Schnittlauch drüberstreuen. Das Fleisch in feine Scheiben schneiden.

7 Mit der Misocreme jeweils einen dekorativen Streifen quer über vier vorgewärmte Teller ziehen. Daneben in einer Reihe fächerförmig angeordnetes Fleisch, grünes Gemüse und Champignons arrangieren. Das Fleisch mit Salt Flakes bestreuen. Die Teller mit rohen, gehobelten Champignons garnieren.

Zubereitung: ca. 30 Min.
Marinieren: 4 Std.

FÜR DAS FLEISCH
ca. 1 kg Ibérico-Schweinefleisch (spanischer Zuschnitt: Lomo oder Secreto, ersatzweise Schweinerückenfilet)
2 EL Sojasauce
1 EL Walnussöl
1 EL helle Misopaste (Asienladen)

FÜR MISOCREME UND GEMÜSE
1 Ei (Größe M)
1 TL helle Misopaste (Asienladen)
Saft von 1 Limette
1 EL Ahornsirup | 150 ml Rapsöl
1 Brokkoli | 2 kleine Pak Choi
20 g frischer Ingwer
1 Knoblauchzehe
1 kleines Bund Koriander
1 kleines Bund Schnittlauch
2 EL geröstete Erdnüsse
2 EL Olivenöl | 100 g kleine braune Champignons
3 EL Erdnussöl
100 ml Hühnerbrühe
1 TL Fischsauce (Asienladen)
3 EL Sojasauce

AUSSERDEM
Meersalz | Salt Flakes

POLETTOS
BEERENTIRAMISU
mit Ricotta

1 Ein feines Sieb mit einem sauberen Tuch auslegen und über eine Schüssel hängen. Den Ricotta darin ca. 1 Std. abtropfen lassen.

2 Den Zucker in einer Pfanne mit 50 ml Wasser schmelzen lassen und bei mittlerer Hitze goldgelb karamellisieren. Mit Rotwein und rotem Portwein ablöschen und rühren, bis sich der Zucker wieder gelöst hat. Die Vanilleschote längs aufschlitzen. Das Mark auskratzen und beiseitestellen, die Schote mit den restlichen Gewürzen, Orangensaft und Cassis-Likör zum Sud geben. Den Sirup offen bei mittlerer Hitze auf ungefähr die Hälfte einkochen lassen.

3 In der Zwischenzeit die Beeren vorbereiten: Brom-, Blau-, Johannis- und Erdbeeren abspülen und im Sieb abtropfen lassen, Himbeeren nur verlesen. Stiele und Kelche entfernen. Größere Erdbeeren etwas kleiner schneiden. Den Rotweinsud durch ein Sieb gießen und die Gewürze wegwerfen.

4 Zitrone und Limette heiß waschen, trocknen, die Schale abreiben und den Saft auspressen. Die Sahne steif schlagen. Eigelbe, Puderzucker und Vanillemark mit den Quirlen des Handrührgeräts schaumig schlagen. Topfen und Ricotta unterrühren und die Creme mit Zitrussaft und -schale abschmecken. Die Sahne vorsichtig unterheben.

5 Die Löffelbiskuits im Rotweinsud wenden und den Boden einer Form (ca. 20 × 30 cm) damit auslegen. Den übrigen Sud mit den Beeren mischen. Die Hälfte der Creme auf die Löffelbiskuits streichen, die Hälfte der marinierten Beeren daraufgeben und die Hälfte der Amarettini darüberbröseln. Die übrigen Zutaten ebenso darüberschichten, mit zerbröselten Amarettini abschließen. Die Form mit Frischhaltefolie abdecken und das Tiramisu vor dem Servieren 2 Std. im Kühlschrank durchziehen lassen.

Zubereitung: ca. 30 Min.
Abtropfen: 1 Std.
Kühlen: 2 Std.
Für 6–8 Personen

250 g Ricotta
100 g Vollrohrzucker
je 100 ml Rotwein und roter Portwein (ersatzweise 200 ml roter Traubensaft)
1 Vanilleschote
1 Zimtstange
1 Sternanis
1 Stück langer Pfeffer (Stangenpfeffer, gut sortierter Supermarkt oder Internetversand)
50 ml Orangensaft
50 ml Crème-de-Cassis-Likör
600 g gemischte Beeren (z. B. Himbeeren, Brombeeren, Blaubeeren, Johannisbeeren, Erdbeeren)
½ Bio-Zitrone
½ Bio-Limette
200 g Sahne
2 Eigelb (Größe M)
50 g Puderzucker
500 g Topfen (ersatzweise Speisequark mit 20 % Fettgehalt)
200 g Löffelbiskuit
100 g Amarettini

ZITRUS-CROSTATA
mit Buttermilch-Panna-cotta

1 Für die Knusperblätter den Backofen auf 180 °C vorheizen. Ein Blech mit Backpapier auslegen. Die Filoteigblätter etwas auffalten und im Backofen (Mitte) in ca. 8 Min. goldgelb backen. Die gebackenen Teigblätter dick mit Puderzucker bestäuben und bei 200 °C ca. 10 Min. weiterbacken, bis der Zucker karamellisiert ist.

2 Für die Panna cotta eine flache Form (ca. 15 × 20 cm) mit Frischhaltefolie auslegen. Die Gelatine in einer kleinen Schüssel mit 2 EL Wasser anrühren und 10 Min. stehen lassen. Die Zitronenhälfte heiß abwaschen, trocknen, die Schale abreiben und den Saft auspressen. Die Vanilleschoten längs aufschlitzen und das Mark auskratzen.

3 Die Sahne mit Zitronenschale, Vanillemark und -schoten sowie Zucker in einem kleinen Topf unter Rühren aufkochen. Den Topf vom Herd nehmen und die eingeweichte Gelatine darin auflösen. Die Masse kurz abkühlen lassen. Ein Wasserbad mit Eiswasser vorbereiten. Die Buttermilch zur Sahnemasse geben und die Mischung über dem kalten Wasserbad rühren, bis sie kalt geworden ist. Die Panna cotta in die Form gießen (sie sollte ca. 2 cm hoch darin stehen) und abgedeckt im Kühlschrank in 3–4 Std. vollständig fest werden lassen.

4 Für das Zitrusfrüchte-Ragout die Zitrusfrüchte mit einem Messer bis ins Fruchtfleisch hinein schälen, die Filets zwischen den Trennhäutchen herausschneiden und in eine Schüssel geben. Den Saft dabei auffangen, mit dem ausgepressten Zitronensaft mischen und die Flüssigkeit mit Orangensaft auf 200 ml auffüllen.

5 Die Vanilleschote längs aufschlitzen, das Mark auskratzen. Den Zucker mit 2 EL Wasser in einem Topf schmelzen und goldgelb karamellisieren lassen. Mit dem Zitrussaft ablösen, Gewürze sowie Vanillemark und -schote dazugeben. Rühren, bis sich der Zucker wieder gelöst hat, und alles langsam auf die Hälfte einkochen lassen. Die Speisestärke mit dem Orangenlikör anrühren, in die Flüssigkeit rühren, einmal unter Rühren aufkochen und die Mischung heiß über die Zitrusfrüchte gießen.

6 Die Minzspitzen waschen und trocken tupfen. Aus der Panna cotta sechs Quadrate (ca. 8 cm) ausschneiden oder ausstechen und auf Teller legen. Die Teigblätter daraufsetzen, das Zitrusfrüchteragout darauf verteilen. Alles nach Belieben mit einer Nocke Zitronensorbet anrichten und mit Puderzucker und 1 Minzspitze garnieren.

Zubereitung: ca. 40 Min.

Kühlen: 4 Std.

Für 6 Personen

FÜR DIE KNUSPERBLÄTTER
6 Filoteigblätter (à 15 × 20 cm, türkischer Laden)
20 g Puderzucker

FÜR DIE PANNA COTTA
1 ½ TL gemahlene Gelatine
½ Bio-Zitrone
2 Vanilleschoten | 250 g Sahne
50 g Vollrohrzucker
500 ml Buttermilch

FÜR DAS ZITRUSFRÜCHTE-RAGOUT
2 Orangen | 2 Grapefruits
2 Mandarinen | ½ Pomelo
ca. 180 ml Orangensaft
½ Vanilleschote
2 EL Vollrohrzucker
1 Nelke | 1 Zimtstange
1 Sternanis | 3 Pimentkörner
1 EL Speisestärke
2 EL Orangenlikör
(z. B. Grand Marnier)

AUSSERDEM
6 Minzspitzen
Zitronensorbet (nach Belieben)

GRANITA AL CAFFÈ
mit Mandelschaum und Amarettini

Kalter Kaffee für Fortgeschrittene: Hier fällt der Espresso zum Abschluss des Menüs
mit dem Dessert zusammen. Danach kommt nur noch wunschloses Glücklichsein.

1 **Für die Granita** den Zucker mit 100 ml Wasser in einen kleinen Topf geben, aufkochen und ca. 5 Min. bei mittlerer Hitze zu einem Zuckersirup einkochen lassen. Den Sirup abkühlen lassen.

2 **Den Sirup** mit dem Espresso verrühren, in eine flache Form füllen und ca. 3 Std. gefrieren lassen. Dabei die gefrorenen Kristalle alle 30 Min. mit einer Gabel vom Rand kratzen und unterrühren.

3 **Für den Mandelschaum** die Sahne mit dem Puderzucker steif schlagen und mit Mandelsirup und Amaretto (falls verwendet) abschmecken.

4 **Zum Anrichten** die Granita in Gläser oder Tassen füllen und mit der Sahne und zerbröselten Amarettini servieren.

Zubereitung: ca. 15 Min.
Gefrieren: 3 Std.

FÜR DIE GRANITA
100 g Vollrohrzucker
200 ml zubereiteter Espresso

FÜR DEN MANDELSCHAUM
200 g Sahne
1 EL Puderzucker
1 EL Mandelsirup
1 EL Amaretto (nach Belieben)

AUSSERDEM
8 Amarettini

REGISTER
Register

Agavendicksaft 17

Ananas
  Zitrusfrüchte-Kokosmüsli
    mit Maracujajoghurt und
    Früchten 38

Äpfel
  Apfelfagottini mit Kalbsleber und
    Kartoffel 152
  Avocado-Apfel-Röstbrot mit Räu-
    cherlachs und Meerrettich 47
  Handgemachte Linsentagliatelle
    mit Safran-Apfel-Sugo 115
  Kartoffel-Bohnen-Salat mit
    Kürbiskernöl 93
  Sellerie-Apfel-Süppchen mit
    Mandeln und Pumpernickel 78

Aprikosen-Salsa, Rucola-Macadamia-
  Salat mit Lammfilet und 143

Arganöl (Tipp) 78

Auberginen
  Gemüsetatar mit Avocado und
    Koriandercreme 140
  Ratatouille-Artischocke mit
    Tomatensauce 156

Avocados 149
  Avocado-Apfel-Röstbrot mit Räu-
    cherlachs und Meerrettich 47
  »Caprese« von Avocado und
    Tomaten mit Burrata 96
  Gefüllte Avocado mit Hüttenkäse
    und Kresse 52
  Gemüsetatar mit Avocado und
    Koriandercreme 140
  Marinierter Thunfisch mit gegrill-
    ter Avocado 128
  Polettos Garnelencocktail
    mit Avocado und Zitrus-
    früchten 164
  Rührei-Wrap mit Jalapeños und
    Avocado 72

Basilikumpesto (Tipp) 130

Beeren 42
  Erdbeer-Carpaccio mit Knusper-
    Quinoa 32
  Erdbeer-Tomaten-Gazpacho mit
    Minzöl und Granatapfel 76
  Frischkornbrei alla Simonetta
    mit Beeren und Verbene 37
  Holsteiner Dickmilch mit
    Blaubeeren und Zimt-
    crunch 34
  Polettos Beerentiramisu
    mit Ricotta 180
  Polettos Birchermüsli mit
    Piemonteser Haselnüssen 40
  Polettos Knusperknäcke mit
    Schinken und Erdbeeren 51
  Tomaten-Himbeer-Konfitüre
    mit Gewürzen und Olivenöl 61

Bewegung 11–12

Bio-Lebensmittel 21–22

Birchermüsli, Polettos, mit Piemonteser Haselnüssen 40

Birnen
  Bittersalat mit Birnen und
    Walnüssen 100
  Kartoffelwaffeln mit Williams-
    birnenragout 62

Bittersalat mit Birnen und
  Walnüssen 100

Bohnen
  Bohneneintopf mit Lamm und
    Rosmarin 86
  Kartoffel-Bohnen-Salat mit
    Kürbiskernöl 93
  Pfefferlachs mit Pesto-Bohnen und
    schwarzem Rapsöl 130

Branzino aus dem Ofen mit geschmolzenen Kirschtomaten 158

Brokkoli

Brokkoli-Cannelloni mit Oliven
  und Mozzarella 116
Tataki vom Ibérico-Schwein mit
  Brokkoli und Erdnüssen 179

Brot und Brötchen
  Burger-Buns (Tipp) 126
  Dönertaschen (Tipp) 133
  Kürbis-Bruschetta mit Sca-
    morza 69
  Polettos Knusperknäcke mit
    Schinken und Erdbeeren 51
  Walnussbrot mit Feigen 48
  Zucchini-Panino mit halb getrock-
    neten Kirschtomaten 75

Bruschetta, Kürbis-, mit
  Scamorza 69

Burger: Cornelia Polettos Fischburger
  mit Grüner Sauce 126

Caprese von Avocado und Tomaten
  mit Burrata 96

Cornelia Polettos Fischburger mit
  Grüner Sauce 126

Côte de Boeuf mit Süßkartoffelpüree
  und Gremolata 174

Crêpes, Zarte, mit Rhabarber-
  füllung 54

Cupcakes, Karotten-, mit Zitrusfrüchtekompott 44

Dickmilch, Holsteiner, mit
  Blaubeeren und Zimtcrunch 34

»Döner« von der Maispoularde mit
  Zazikisalat und Minze 133

Eier
  Krabbenomelett mit Vollkorn-
    chips 56

Rührei-Wrap mit Jalapeños und Avocado 72

Eis: Granita al caffè mit Mandelschaum und Amarettini 185

Eiweiß 14

Entenfleisch: Gewürzententee mit Zwetschgen und Miso 138

Erbsen: Kalbsinvoltini mit Erbsen-Pfifferlings-Kasserolle 176

Erdbeer-Carpaccio mit Knusper-Quinoa 32

Erdbeer-Tomaten-Gazpacho mit Minzöl und Granatapfel 76

Ernährung, gesunde 14–15

  Siehe auch Eiweiß, Fett, Kohlenhydrate, Salz, Zucker

  Regeln 9

  Trinken 10, 15

  vegetarische Ernährung 15

  Zwischenmahlzeiten 10–11

Essig 24

Feigen, Walnussbrot mit 48

Fett 14, 18–19

Fisch 25, 148

  Avocado-Apfel-Röstbrot mit Räucherlachs und Meerrettich 47

  Branzino aus dem Ofen mit geschmolzenen Kirschtomaten 158

  Cornelia Polettos Fischburger mit Grüner Sauce 126

  Gespickter Seeteufel mit gelber Linsensauce 163

  Heilbutt im Schinkenmantel mit Cime di Rapa 168

  Kartoffeltörtchen mit Räucherforelle und Meerrettich 104

  Lackierter Kabeljau mit Limettendip 160

  Marinierter Thunfisch mit gegrillter Avocado 128

  Orangenzander mit Moscato-Rosinen und venezianischem Gemüse 166

  Pfefferlachs mit Pesto-Bohnen und schwarzem Rapsöl 130

  Thunfischrolle mit mariniertem Römersalat 146

Zitronenrisotto mit Kabeljau und Petersilienöl 150

Fleisch 25

Frischkornbrei alla Simonetta mit Beeren und Verbene 37

Garnelencocktail, Polettos, mit Avocado und Zitrusfrüchten 164

Gazpacho, Erdbeer-Tomaten-, mit Minzöl und Granatapfel 76

Gefüllte Avocado mit Hüttenkäse und Kresse 52

Gemüsepickles aus dem Glas 66

Gemüsetatar mit Avocado und Koriandercreme 140

Gespickter Seeteufel mit gelber Linsensauce 163

Gewürzent[e]ntee mit Zwetschgen und Miso 138

Glasnudelsalat mit Papaya und Erdnüssen 103

Gnocchi, Kartoffel-, mit Romanesco und Kapernbutter 125

Granita al caffè mit Mandelschaum und Amarettini 185

Grünes Gemüse 109

  Bohneneintopf mit Lamm und Rosmarin 86

  Brokkoli-Cannelloni mit Oliven und Mozzarella 116

  Cornelia Polettos Fischburger mit Grüner Sauce 126

  Côte de Boeuf mit Süßkartoffelpüree und Gremolata 174

  »Döner« von der Maispoularde mit Zazikisalat und Minze 133

  Gemüsetatar mit Avocado und Koriandercreme 140

  Gespickter Seeteufel mit gelber Linsensauce 163

  Heilbutt im Schinkenmantel mit Cime di Rapa 168

  Kalbsinvoltini mit Erbsen-Pfifferlings-Kasserolle 176

  Kartoffel-Bohnen-Salat mit Kürbiskernöl 93

  Kartoffel-Gnocchi mit Romanesco und Kapernbutter 125

Lackierter Kabeljau mit Limettendip 160

Maishähnchenbrust mit Kichererbsen-Spinat-Salat 170

Mangold-Linsen-Salat mit Kaninchen-Saltimbocca 98

Marinierter Thunfisch mit gegrillter Avocado 128

Pfefferlachs mit Pesto-Bohnen und schwarzem Rapsöl 130

Pizzoccheri alla Valtellinese mit Kartoffeln und Wirsing 118

Spargelsalat (Tipp) 160

Tataki vom Ibérico-Schwein mit Brokkoli und Erdnüssen 179

Zucchini-Panino mit halb getrockneten Kirschtomaten 75

Handgemachte Linsentagliatelle mit Safran-Apfel-Sugo 115

Heilbutt im Schinkenmantel mit Cime di Rapa 168

Holsteiner Dickmilch mit Blaubeeren und Zimtcrunch 34

Honig 17

Hühnerfleisch

  »Döner« von der Maispoularde mit Zazikisalat und Minze 133

  Maishähnchenbrust mit Kichererbsen-Spinat-Salat 170

  Pasta mit confierter Poularde und Trüffel 155

  Zitronen-Ingwer-Spaghetti mit mariniertem Curryhuhn 112

Hülsenfrüchte 83

  Gespickter Seeteufel mit gelber Linsensauce 163

  Handgemachte Linsentagliatelle mit Safran-Apfel-Sugo 115

  Kürbis-Linsen-Suppe mit Curry 80

  Maishähnchenbrust mit Kichererbsen-Spinat-Salat 170

  Mangold-Linsen-Salat mit Kaninchen-Saltimbocca 98

Kabeljau, Lackierter, mit Limettendip 160

Kalbfleisch
 Apfelfagottini mit Kalbsleber
  und Kartoffel 152
 Kalbsinvoltini mit Erbsen-
  Pfifferlings-Kasserolle 176
 Kaninchen-Saltimbocca, Mangold-
  Linsen-Salat mit 98
 Karotten-Cupcakes mit Zitrus-
  früchtekompott 44
Kartoffeln 82
 Apfelfagottini mit Kalbsleber und
  Kartoffel 152
 Branzino aus dem Ofen
  mit geschmolzenen Kirsch-
  tomaten 158
 Heilbutt im Schinkenmantel
  mit Cime di Rapa 168
 Kartoffel-Bohnen-Salat mit
  Kürbiskernöl 93
 Kartoffel-Gnocchi mit Romanesco
  und Kapernbutter 125
 Kartoffel-Kurkuma-Eintopf mit
  Kokosmilch 88
 Kartoffeltörtchen mit Räucher-
  forelle und Meerrettich 104
 Kartoffelwaffeln mit Williams-
  birnenragout 62
 Pizzoccheri alla Valtellinese mit
  Kartoffeln und Wirsing 118
 Waldpilz-Kartoffel-Suppe 85
Käse. *Siehe auch* Parmesan
 Bittersalat mit Birnen und
  Walnüssen 100
 Brokkoli-Cannelloni mit Oliven
  und Mozzarella 116
 »Caprese« von Avocado und
  Tomaten mit Burrata 96
 Curry-Feta (Tipp) 80
 »Döner« von der Maispoularde
  mit Zazikisalat und Minze 133
 Gefüllte Avocado mit Hüttenkäse
  und Kresse 52
 Kürbis-Bruschetta mit
  Scamorza 69
 Peperonata im Pergament mit
  Mozzarella di Bufala 106
 Pizzoccheri alla Valtellinese mit
  Kartoffeln und Wirsing 118
 Topinambur-Risotto mit Taleggio
  und Haselnüssen 122

Zucchini-Linguini mit Tomaten
 und Scamorza 120
Kichererbsen-Spinat-Salat, Mais-
 hähnchenbrust mit 170
Knäckebrot: Polettos Knusperknäcke
 mit Schinken und Erdbeeren 51
Kohlenhydrate 14, 15
Kokosöl 19
Konfitüre, Tomaten-Himbeer-,
 mit Gewürzen und Olivenöl 61
Krabbenomelett mit Vollkorn-
 chips 56
Kresse (Tipp) 52
Kürbis
 Kürbis-Bruschetta mit
  Scamorza 69
 Kürbis-Linsen-Suppe mit
  Curry 80
 Spaghettikürbis alla
  Carbonara 110
Kurkuma (Tipp) 88

Lachs (Tipp) 47
Lackierter Kabeljau mit
 Limettendip 160
Lammfleisch
 Bohneneintopf mit Lamm und
  Rosmarin 86
 Rucola-Macadamia-Salat mit
  Lammfilet und Aprikosen-
  Salsa 143
Linsen *Siehe* Hülsenfrüchte

Maishähnchenbrust mit Kicher-
 erbsen-Spinat-Salat 170
Mangold-Linsen-Salat mit Kanin-
 chen-Saltimbocca 98
Marinierter Thunfisch mit gegrillter
 Avocado 128
Miesmuscheln, Scharfe Tomaten-
 Paprika-Suppe mit 144
Möhren
 Gemüsepickles aus dem Glas 66
 Karotten-Cupcakes mit Zitrus-
  früchtekompott 44
 Orangenzander mit Moscato-
  Rosinen und venezianischem
  Gemüse 166

Wurzelgemüsesalat mit Orangen
 und Pinienkernen 90
Muffins, Tomaten-, mit Taggiasca-
 Oliven 70

Nüsse 172
 Bittersalat mit Birnen und
  Walnüssen 100
 Frischkornbrei alla Simonetta
  mit Beeren und Verbene 37
 Glasnudelsalat mit Papaya und
  Erdnüssen 103
 Polettos Birchermüsli mit Piemon-
  teser Haselnüssen 40
 Rucola-Macadamia-Salat mit
  Lammfilet und Aprikosen-
  Salsa 143
 Sellerie-Apfel-Süppchen mit
  Mandeln und Pumpernickel 78
 Tataki vom Ibérico-Schwein mit
  Brokkoli und Erdnüssen 179
 Topinambur-Risotto mit Taleggio
  und Haselnüssen 122
 Walnussbrot mit Feigen 48
 Winterlicher Salat mit Rehfilet
  und Wacholderdressing 94

Olivenöl 18–19, 23
Omelett, Krabben-, mit Vollkorn-
 chips 56
Orangen *siehe* Zitrusfrüchte
Orangenzander mit Moscato-
 Rosinen und venezianischem
 Gemüse 166

Pancakes, Ricotta-, mit Bresaola
 und Pfifferlingen 58
Panino, Zucchini-, mit halb getrock-
 neten Kirschtomaten 75
Panna cotta: Zitrus-Crostata mit
 Buttermilch-Panna-cotta 182
Papaya: Glasnudelsalat mit Papaya
 und Erdnüssen 103
Paprikaschoten
 Erdbeer-Tomaten-Gazpacho mit
  Minzöl und Granatapfel 76
 Gemüsepickles aus dem Glas 66

IMPRESSUM

© 2016 GRÄFE UND UNZER VERLAG GMBH, München
Alle Rechte vorbehalten.

Projektleitung: Sonja Ott-Dörfer, Bernhard Kellner
Lektorat und Textunterstützung: Sabine Schlimm
Korrektorat: Cora Wetzstein
Fotos: Joerg Lehmann
Food-Styling: Max Faber
Umschlaggestaltung und Innenlayout:
Martina Baldauf, herzblut02 GmbH
Herstellung: Markus Plötz
Satz: Nadine Thiel, kreativsatz, Baldham
Repro: Repro Ludwig, Zell am See
Druck: Firmengruppe APPL, Wemding
Bindung: Conzella, Pfarrkirchen
Printed in Germany

ISBN: 978-3-8338-5437-8

1. Auflage 2016
www.graefeundunzer-verlag.de

 www.facebook.com/gu.verlag

GRÄFE UND UNZER

Ein Unternehmen der
GANSKE VERLAGSGRUPPE